工藤 寛 著

夢に生きた
高千穂の女傑

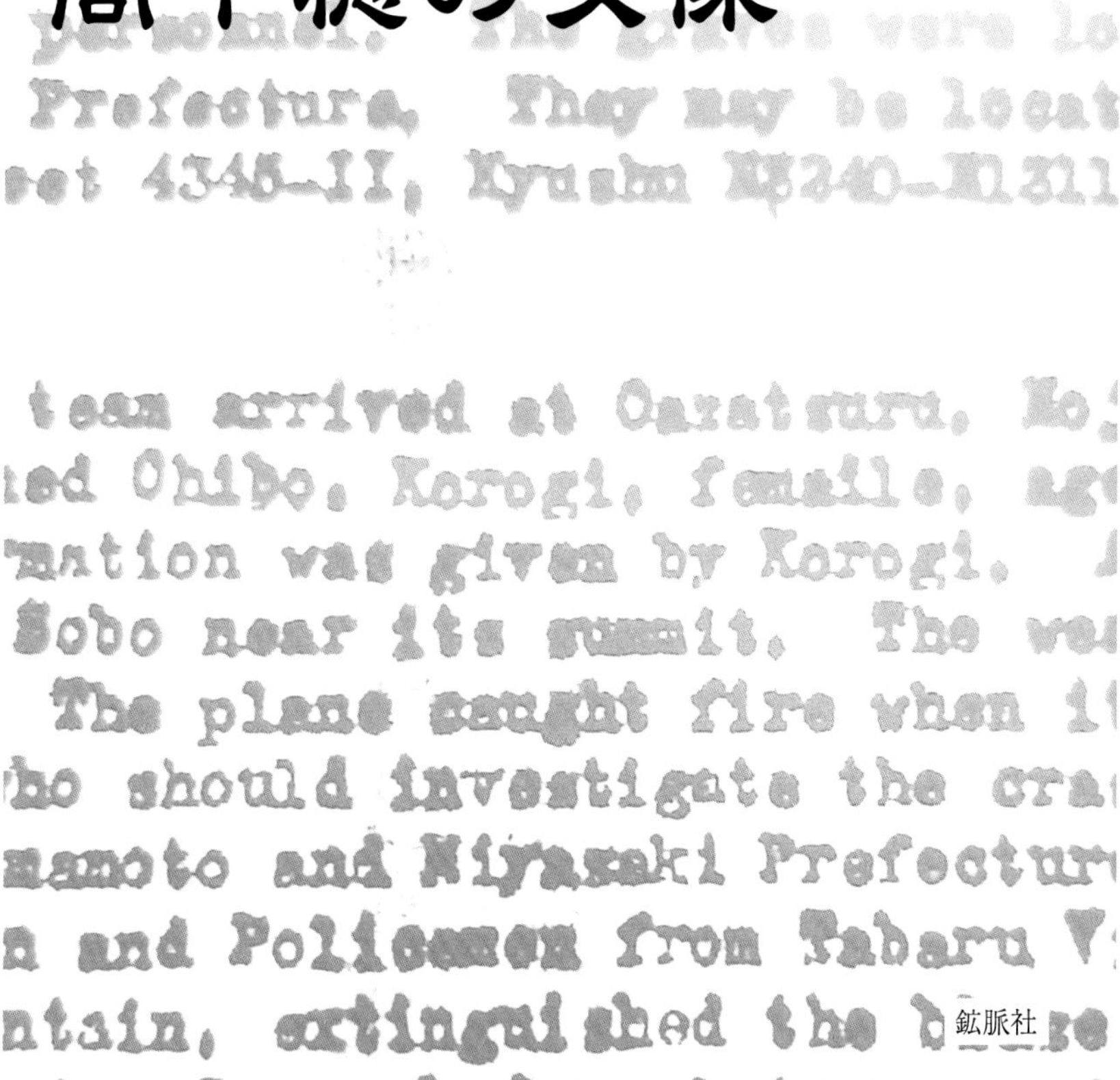
personnel. The graves were lo
Prefecture, They may be locat

team arrived at Oaratsuru. No
ed Ohibo. Korogi, femalle, ag
mation was given by Korogi.
Sobo near its summit. The we
The plane caught fire when i
ho should investigate the cra
amoto and Miyazaki Prefectur
n and Policemen from Tabaru V
ntain, extinguished the b

鉱脈社

目次

千穂が活動の
拠点とした場所の
位置関係図

高森町
祖母嶽牧場跡
万福旅館跡
川上
胡桃原
野尻
津留
原山
蔵地
河地
水上
馬立
牟田
笹の原
神原
五ヶ所
五ヶ所高原
内の口
本村
五ヶ所小学校跡
一枚野
国見
平和祈念碑
菅之尾
笈の町
下切
国見岳
崩野峠
黒原越
赤川浦岳
隼墜落地
馬場
中瀬
白馬金山跡
西集落
奥鶴
指野
河内
仲野
岩神
所尾野
中村
太郎
南
田井本
原野
竜泉寺
栃原
古夕塩
夕塩
川下
染野
寺の下
北
人夫坂
秋原
流尾
梶原
松の下
横野
高
上野
尾野
鳥越
宮尾野
四恩岳
小糸
平底北
須崎
二竜野
川添
牧
戸の口
冬野
八幡
米糸
黒口南部
柚木野
雲井都
谷
下野八幡宮のケヤキ・イチ
下山
藤尾
辻
岩坪
縦崎
鬼切畑

夢に生きた高千穂の女傑

序章　出会い――一片の金属片から――

ツキノワグマ

九州のほぼ中央部に横たわる祖母・傾山系の笠松山（一五二二メートル）の北斜面にある通称イノコ谷で、晩秋の谷々を色とりどりに染めていた紅葉を一気に散らすかのように一発の銃声が、谷間に谺《こだま》した。

この谷で、イノシシ猟をしていた地元の猟師が、犬が追い立てた大きなやや黒くて丸味を帯びた一頭のイノシシを射止めた。

秋も終わろうとしていた昭和六十二年（一九八七）十一月二十四日の昼前のことである。その獲物は、二〇〇メートルほど谷を転がって息絶えた。近づいて見ると、何とそれはイノシシではなく、九州ではほぼ絶滅したとされていたオスのツキノワグマであった。

この情報は、すぐに拡がり、生息を信じて、それ以前から調査を続けていた山男（熊

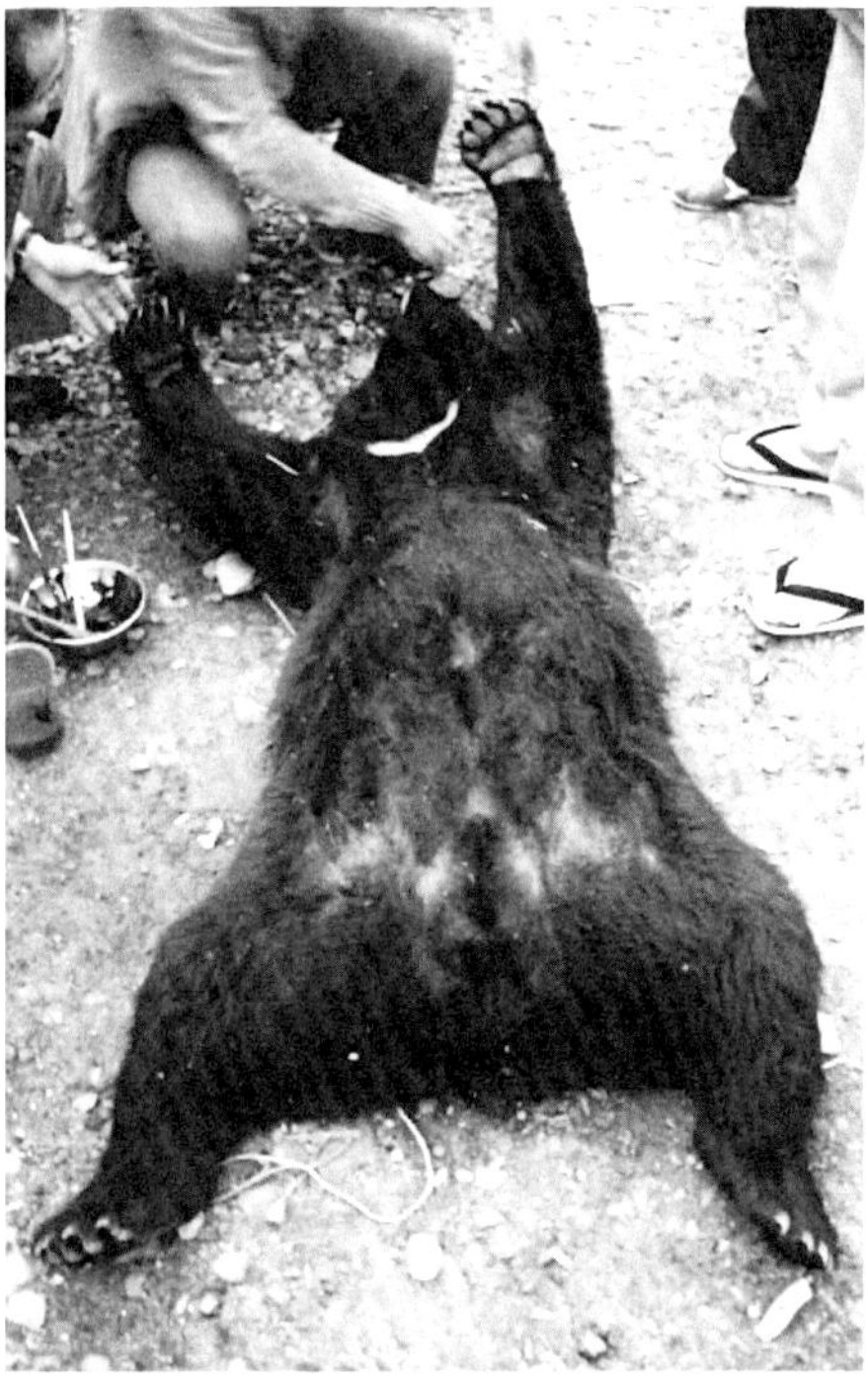

笠松山で射殺されたツキノワグマ
（1987・11・25 尾平鉱山跡で撮影）

男の方が妥当か）たちは、俄然元気づいた。当時の私も、元気づけられた熊男の一人であった。

　この山系でのツキノワグマの捕獲記録は、数多く残っているが、最後の生息を示す確実な証拠は、昭和三十二年（一九五七）に、宮崎県日之影町の見立渓谷で見つかった子グマの死体とされていた。

　しかし、射殺されたこの個体は、平成二十二年（二〇一〇）までに、詳しいＤＮＡ解析で『東日本集団』に属する個体が、人為的に持ち込まれたことが確実になり、熊男たちの夢は潰《つい》えた。学界では、九州のツキノワグマは、すでに絶滅したというのが定説となっている。

ある金属片

笠松山のイノコ谷で、ツキノワグマが射止められる二カ月前の九月末、ツキノワグマの何らかの生息痕を求めて私は、同山系の親父山（一六四四メートル）から障子岳（一七〇三メートル）へと向かっていた。

その山行の途中、山頂直下の鞍部へ下る急斜面で、土中から雨後の筍のように突き出したある金属片に躓《つまず》いた。

念入りに掘り出して見ると、歪《いびつ》に変形していたものの、錆ひとつない精巧に作られた何かの部品と思われる一片の金属片であった。

ここは、人家や林道からもかなり離れた場所で、地上から持ちこまれた人工物とは考えられず、その精巧さから空中から落下した何物かであると思われた。手にした感触が、何かを伝えようとしているような気がする不思議な出会いであった。

古老たちの話

この金属片にまつわるそれらしい話はないものかと思い、一番近い麓の集落にあたる五ヶ所地区の古老たちに聞いて回ると、すぐに驚くような話が何人からも飛び出した。

彼らの話は、次の三つの点で共通していた。

一、終戦から間もない頃、雨続きの日の朝に、親父山の山頂近くに、アメリカ軍のB‐29が墜落した。

二、墜落現場には、十数人のアメリカ兵の遺体があり、その埋葬作業、その後の米軍の現地調査や遺体の収容作業を地元でも手伝った者がいる。

三、そのB‐29には、食料品をはじめ、目にしたこともないような大量の物資が積んであり、これを聞きつけ近在のみならず遠方からも、かなりの人が長期間にわたり現場に登り続け、積んであったあらゆる物資を持ち帰り、その恩恵を受けた。

終戦直後の大混乱した時期の、しかも、つい先日までは敵国であったアメリカの飛行機のことで、それ以上のことは、まったくわからないとのことであった。

取材開始

これらの情報を元に、早速調査を始めた私は、手始めに一番近くにあった五ヶ所小学校の創立百周年記念誌（昭和五十二年［一九七七］発行）、高千穂町史、宮崎県史に続き、県立図書館で当時の新聞記事をマイクロフィルムで検索してみたが、それらしい記載は、一行たりとも見つけ出せなかった。

しばらくして、ふと立ち寄った延岡市の古書店で手にした『大地に爪する想い・戦中戦後の開拓の記録』（第三文明社　一九八二年発行）に、五ヶ所地区の甲斐秀国（出版当時五十三歳）の、B-29墜落に関する詳しい記述があった。

初めて目にしたB-29墜落についての書き物であり、すぐに本人に直接取材した。しかし、古老たちの話をさらに裏付ける内容ではあったが、具体的な日時や事故の原因、飛行目的、搭乗員の数や氏名などは、一切わからなかった。

アメリカ空軍歴史研究センター

地元での調査の限界を感じた私は、思い切って知人を通じて、アメリカのアラバマ州にあるアメリカ空軍歴史研究センターに問い合わせると、しばらくして、このB-29墜落に関する事故報告書が届いた。

その内容は、実に詳細かつリアルで、発見者の氏名から死亡した搭乗員の遺体の所見まで「オープン・ファイル」とサインされ、すべて公開されていた。

この事故報告書を元に、今度は逆探知的に再び取材を進めると、皆、その内容の濃さに驚くとともに、その中に何度も登場する男勝りの、ある女性のことを改めて思い出し、また見直したかのように、信じられないような話を次々にし始めた。

B-29墜落

本書では、古老たちの誰もが口にし、米軍報告書にも登場する、この女性のことを中心に書き進めるが、B-29墜落事故と彼女の関係は、切り離せないものであるので、まずこの墜落事故の概要を書いておく。

墜落事故が起きたのは、今から七十八年前の昭和二十年（一九四五）八月三十日の朝八時半頃のことである。

日本の敗戦を決定的にした「超空の要塞・B-29」は、最後の任務として、福岡県内の貝島炭鉱にある連合国軍捕虜収容所に、大量の救援物資を投下するため十二名（通常の定員は十一名）の搭乗員とともに、夜半にマリアナ諸島にあるテニアン基地を飛び立った。

九州山地の主峰祖母山（一七五六・七メートル）に連なる障子岳を越えようとしていた時、折からの濃霧と雨により尾根に接触して親父山の山頂近くに墜落炎上し、搭乗員全員が死亡した。

終戦から十五日目のことであり、その日の午後には、新たに日本を統治することになったマッカーサーが、厚木飛行場に降り立った。

この墜落事故の詳細や当時の地元の様子、遺族との交流などについては、同じ日に、この山系から延びた高千穂町河内《かわち》の山中に墜落して、一名の搭乗員が亡くなった日本陸軍戦闘機「隼」のことも含めて拙著『ラスト・フライト　奥高千穂・隼・B-29墜落秘話』(二〇一五・鉱脈社)に詳述している。

『ラスト・フライト』を上梓して八年が過ぎ、当時取材した古老たちも、すべて鬼籍に入ったが、最近になり、当時の取材メモや執筆関連資料に改めて目を通していると、お互いに目を丸くして聞いたり話したりしたこの女性のことが蘇《よみがえ》ってきた。

あの激動の時代を、桁外れの胆力と行動力で、たくましく生き抜いた彼女のことを、是非とも後世に伝えたいとの思いが募り、その後の追加取材で新たに知り得た内容も含め、波乱万丈の彼女の一生を書いてみることにした。彼女の名は興梠《こうろぎ》千穂《ちほ》。

第一部　事業家への道

第一章　誕生

産声

宮崎・熊本・大分県境に河内（宮崎県高千穂町）という小さな村がある。ここに延岡藩の関所が設けられたのは、今から三六五年前、江戸時代初めの万治元年（一六五八）のことである。当時は、関所とは呼ばず「御番所」と言い、時の延岡藩主有馬康純《やすずみ》が所領する七万石の出先役所である。

肥後の細川五十四万石と豊後岡の中川七万石領に接し、「国境」という交通の要所でもあることから、諸国産物、生活諸用品などの流通も多く、このような物品からの徴税が主な目的の御番所でもあった。

明治初年（一八六八）には、御番所跡を中心に三十軒近い人家があったといわれる。土地の売買が許可されたのが明治五年（一八七二）で、この頃から、自由物流の拠点として、国境を越えて移住する者も多くなり、特に、大分県方面との経済交流が盛んになり、商店街は、大いに活況を帯びていた。

明治二十八年（一八九五）、この村に一番近い宮崎県側の中心地三田井と、熊本県側の中心地高森と大分県側と境を接する五ヶ所間に、荷馬車道の県道が開かれる頃は、県境の町として、また、地域の経済発展の拠点として宿場町的に開け、五軒もの旅館があった。

当時、三田井―高森間は、馬車で十時間を要していたという。

村の中心地から、北西に向かい田原を経て三田井方面へ通じる、かつて

亀頭山城址から見る千穂が生まれた西集落

の肥後往還の山手に西という集落がある。

この集落で、興梠雅太郎・カツ夫妻は農業を営んでいた。雅太郎は、時の大老の井伊直弼が桜田門外で水戸浪士らに暗殺された日から十日後の、万延元年（一八六〇）三月十三日生まれの三十七歳、カツは池田屋事件や禁門の変が起きた元治元年（一八六四）十二月十三日生まれの三十三歳。隣村の上野《かみの》村下野《しもの》から嫁いでいる。

興梠家は、古くからある大きな農家で、今でも昔の古い十手が残っていることから、御番所の支所的役割の小道番という役を担っていたものと思われる。

この夫婦の間に、明治三十年（一八九七）六月一日、女の子が生まれ「千穂」と名付けられた。明治二十年（一八八七）十一月十一日生まれの長男吉太郎、明治二十三年（一八九〇）十月十八日生まれの二男勇に次いで生まれたのが千穂である。すぐ下には、明治三十二年（一八九九）九月十七日生まれの弟豊がいた。

興梠氏一族

「天孫降臨」の舞台となった高千穂地方には神社が多く、小さいものまで含めると八十八社もある。高千穂神社や天岩戸神社などはよく知られた神社であるが、他にも

興梠氏一族の氏神荒立神社。芸能の神様としてタレントや歌手の参拝も多い

神話ゆかりの天孫瓊瓊杵尊《ニニギノミコト》を道案内した猿田彦命《サルタヒコノミコト》を祭る荒立《あらたて》神社がある。

その由来は、猿田彦命と天鈿女命《アメノウズメノミコト》が結婚して住んだ所で、周りの荒木で急拵《こしら》えのお宮を建立したため「荒立」から、この神社名になったという。

この神社のある所は、古くから「神呂木《かむろぎ》の里」ともいわれ、神社は、全国的にも珍しい高千穂地方特有の姓「興梠《こうろぎ》」氏一族の氏神でもあり、その語源は、神聖な地が「神漏岐《かむろぎ》」といわれることから、この「カムロギ」から転じて「コウロギ」になったといわれている。

いずれにせよ「興梠」姓は、生粋の高千穂人のルーツを示す家系であり、瓊瓊杵尊が、高千穂にお降りになった時には、概に高千穂地方を支配していた豪族とも伝わる。

高千穂は、大分・熊本・宮崎の三県が頭突きしたような位置にあり、大分県側は、祖母山を介して竹田市や豊後大野市と接し、熊本県側は、阿蘇山とその外輪山で阿蘇市や高森町と接し、それらの地域との交流は、故事・伝説の世界から有史の世界までつながっている。

その有史に登場する高千穂は「和名類聚抄《わみょうるいじゅうしょう》」（平安時代中期の、わが国最初の漢和字典）に、臼杵郡智保《ちほ》郷として出ており、その「智保」は、阿蘇郡地方にも阿蘇郡智穂郷があったとされ、国郡制以前は、日向と肥後に跨《また》る広大な「智保」という地域があったのである。

また、高千穂という地名は「日向風土記」（奈良時代前期の地誌）にある「皇孫、御手を以て稲千穂を抜き、籾となして四方に投げちらしたまはば、必ず開晴《あか》りなむ」とあることから、稲の良く稔るところという意味から高千穂と呼ばれるようになったとの説もある。

姓も名も、高千穂そのものを表す「興梠千穂」という女性は、その名のとおりに山深い神話の里に生を受け、もの静かで、いかにも控え目な山里の淑女であったと想像しそうになる。

ところが、その生涯は、時勢を見事に捕えた斬新奇抜な思考と男顔負けの剛毅果断な行動により、激動の時代をたくましく生き抜き、まさに、高天原の神様たちも目を丸くするような、希代の女傑の一生であった。

唯一の新聞記事

興梠千穂に関する何らかの書き物はないものかと探していたところ、ある新聞記事が見つかった。それは、昭和五十三年（一九七八）九月四日付の夕刊デイリー新聞が報じた「女傑一代・千穂ばあさん」という見出しの記事である。

夕刊デイリー新聞社は、昭和三十八年（一九六三）創業で、延岡市に本社を置き、宮崎県北部をエリアとする新聞社である。当時の高千穂支局長は同町出身の興梠敏夫記者で、彼は郷土史にも造詣が深く、地元に密着した記事には定評があった。

この興梠敏夫支局長の報じた記事は、千穂の没後間もない頃に追悼記事の形で書かれ、甥の興梠守からの聞き取りを中心に構成されている。

その後、平成五年（一九九三）一月一日にも同紙が「金掘り・夢を追った女性　高千穂町興梠千穂さんの82年」として記事を載せているが、内容は、興梠支局長が書いたものとほぼ同じである。

これらの記事で、千穂の生涯の大方は読めるが、筆者の取材により知り得た内容については、まったく触れられていないことも多くあるので、一部これらの記事の内容を追確認や補足する形も含めて、話を展開することにする。

なお、新聞記事を、ほぼそのまま引用した部分は、「　」で囲み文末に（夕刊D）と記しておく。

崩野峠

千穂は、周りを山で囲まれた山間の小さな集落で、三人の兄弟と一緒に山野を駆け回る、元気の良い少女であった。生来、勝ち気な性格で負けることが嫌いであった。

そんな千穂も、河内尋常小学校を卒業してしばらくして、「年頃になると年期奉公に出された。大正三年（一九一三）、十八歳の時である。年給は三十六円であった。二年間勤めた。この間に使った小遣いはたったの二円。手元に七十円が残っていた」（夕刊D）。大正元年（一九一二）の巡査の初任給が十五円の時代である。

第一次世界大戦が始まって四年目の大正七年（一九一八）、二十一歳の時、縁あって千穂は嫁入りすることになった。今の県立高千穂高校の前身の高千穂農学校が開校した年である。

嫁入り先は、河内の中心地に出て、熊野鳴滝神社の前から馬場の下を通り、県道とはいえ、ようやく荷馬車が通るだけの曲がりくねった急坂を登り、崩野峠（八五四メートル）を越えた所に広がる五ヶ所である。隣の村というより上の村と呼ぶのがふさわしい位置関係にある。

この崩野峠は、これより二十八年前の明治二十三年（一八九〇）十一月六日、日本アルプスの父とも呼ばれるイギリス人の宣教師ウォルター・ウェストンも祖母山登山の際に歩き、その時のことを「五ヶ所から高千穂への道は、すばらしい秋の紅葉のスペクタクルで、決してスイスに劣らない道である」と、ロンドンで発行された『日本旅行の手引き』（一八九四）に書き残している。

峠を越えると周りの景色は、広大な草原が広がり、これまでの山と深く切れ込んだ谷で成り立つ高千穂的風景から、一気に阿蘇的風景に変わる。

眼前に、端正な形でくっきりと聳え立つ祖母山と、その山塊を覆う深い原生林と裾野に広がる広大な草原に、千穂は見知らぬ村の見知らぬ男性に嫁ぐ不安よりも、今までに抱いたことのないような、大きな夢が膨らんでいくのを、この時感じた。

田原郷土誌によると、「今から八百四十年近く前の治承（一一七七～一一八〇）の頃、某家の臣足利又太郎忠綱、彦山に住む。十代の後の秀雄は阿蘇大宮司友成の家客となり子孫矢津田常陸、肥後矢津田荘千石を領す。九州の乱に大宮司方敗軍の為に矢津田織部正吉は原山《はるやま》に落ち来り、其の子義治は神原《こうばる》に移る。耳川敗戦の後、大友方甲斐清源は下畑、主水左衛門は笹の原、田上加賀は嶽に住して五ヶ所の名起こる……」とされている。

千穂の嫁ぎ先は、この嶽の集落にあった。嶽には、狩猟に関する昔話が伝わっている。以前に、当時テレビの人気番組でもあった「まんが日本昔ばなし」で放映されたこともあるので、ここに紹介する。

九右衛門の話

今から三八〇年ほど前に、嶽の集落に九右衛門という猟師がいた。小さい時から狩が大好きで、一度見つけた獲物は逃したことがなかった。得意になり狩に心を奪われ、殺生に明け暮れる毎日に母は心配が募り、日頃から信仰している観音様に、子供の改心を毎日祈っていた。

いよいよ明日、一匹獲れば猪鹿千匹になるという夜、九右衛門は弾丸を作っていた。するとその夜、いつから住み着いたかわからない黒猫が、一つ弾丸が出来て転がすたびに、手を出して触っていた。九右衛門は、ただの猫のじゃれ事だとばかりと思って十二発の弾丸を作りあげると、翌日山に登って筒ヶ嶽の狩小屋に入った。

五ヶ所高原からの祖母山（1756.7m・日本百名山）

その晩夜更けてから「九右衛門ヨーイ」と呼びながら登って来る者があった。真黒な丸い形をしているので、これは怪しい妖怪だと思い、狙いを定めて撃った。「カーン」と音がして弾丸は跳ね落ち、黒い丸い物は段々と近づいて来る。弾丸込め

山形県酒田市にある九右衛門母子が祖母山の麓から
背負ってきたと伝わる観音像（酒田市教育委員会提供）

も急がしく、また射撃したが、皆同じように「カーン」と音がして落ちる。十一発撃ち尽くしても同じで、十二発目を放った途端に、黒い丸い者は目もギラギラと夜目にも光り、今にも跳びかかりそうになった。

九右衛門は、秘蔵の切り矢と称する八幡大菩薩の切り印のある護身用の弾丸を、今はこれしかないと銃に込めて放った。怪物は、「ギャーッ」と声を放って倒れ、ようやく九右衛門は難を逃れた。翌朝になって、その場所に行って見ると死骸は見当たらないが、点々と落ちている血の跡をたどると、我が家の方へと続いている。

そういえば、昨夜の「九右衛門ヨーイ」の呼び声は、母の声に似ていたので、もしやと思って急いで帰って見ると、その血の跡は、かまどの下に続き、黒猫が血に染まって死んでいた。九右衛門は、この時初めて、八幡大菩薩と母の信仰する観音様の御加護に目ざめ、母と共に観音様を背に負い、諸国遍路供養の旅に出た。

東北のとある村へ行き、道端に観音様を降ろして、うとうととしたまどろみの中に「我は、この村に鎮座したい」との観音様のお告げを聞き村人に相談し、そして鎮座された所が山形県飽海《あくみ》郡観音寺村であったという。

（『高千穂村々探訪』甲斐畩常著　一九九二）

九右衛門母子が、祖母山麓にある嶽の集落から背負って行ったという観音様は、はるか遠くの山形県八幡《やわた》町（観音寺村が一条、大沢日向村と合併し、現在は酒田市）の長福寺に鎮座している。

この寺に伝わる「千手千眼観世音菩薩観音堂由来」によると、この観音様は九州日向国高千穂庄五ヶ所嶽村から来たものであると書き残されているので、単なる伝承ではなく史実に相違ないと思われる。

平成四年（一九九二）十二月には、長福寺の斎藤定香住職と町の関係者ら四人が嶽にある九右衛門の墓を訪ね、供養している。

千穂も、この話を嫁ぎ先で何度も聞いた縁からではないとは思うが、若い頃から狩猟が大好きで、女猟師として高齢になるまで猟銃を離すことはなかった。

第二章　祖母山祭り

明治十七年（一八八四）に、平部嶠南（幕末の飫肥藩家老）が書き残した「日向地誌」から五ヶ所村の「地味」の項を見ると、次のように書かれている。

「其田大約黒ホヤ土沃土極テ少ナシ其質下ノ下畑亦田ト同シ其質下ノ下ノ中唯蜀黍《もろこし》ニ宜シキノミ水利ハ便ナリ水害モ亦コレナシ」

このように、農業をするには決して条件の良くない五ヶ所でも、祖母山に一番近い裾野にある嶽の農家に千穂は嫁入りしたのである。

しかし、農家の嫁としての生活は、五年足らずで終わった。痩せた畑に鍬を打ち込み、原野の野草を刈り、牛を飼うだけの単調な暮らしが性に合わなかったのか、あるいは子に恵まれなかったからか、その理由は知りようもないが、他に大きな理由があったように私には思える。

木地師

千古斧鉞《ふえつ》を知らぬ祖母山と言いたいところであるが、実は、斧鉞を知っていたのである。日本列島の深山に埋れた良材を求めて、原始の樹海に分け入り、斧を振るっていた漂泊の山の民が江戸時代まではいたのである。

平安時代前期に近江国（滋賀県）の山中に隠棲していた惟喬《これたか》親王が、ロクロによる木地（木製の椀や盆）製作の技法を開発した。その惟喬親王の綸旨《りんじ》（許可証）を持ち、氏子制により全国のすべての山の八合目以上の樹木の自由伐採権を認められていた木地師たちがいた。

江戸時代の元文二年（一七三七）の氏子駈（狩）帳によると、五ヶ所には二十一軒の木地屋があったのである。

事業所

漂泊の山の民が、祖母山を去ってから二百年近くを経て明治から大正になると、今度は、祖母山の豊富な森林資源に目を付けた事業家が入ってきた。

佐藤庭蔵と若い頃の千穂（洋服姿・甲斐泰氏提供）

嶽の集落から祖母山に向けて二キロほど、やっと荷馬車が通るくらいの山道を登ると、一の鳥居という宮崎県側の祖母山遥拝所があり、鳥居の下側に、山の斜面を切り開いて石垣を積み平地とし、そこには山奥では珍しい大きな事業所と杣夫《そまふ》たちの住む長屋が立っていた。

この事業所は、祖母山に源流を発する大谷川の豊富な水を利用した水力による製材所と大がかりな本炭の製造所であり、経営者は、千穂の母カツと同じ上野村下野出身の佐藤庭蔵で、千穂とも遠戚関係にあった。

生来の男勝りの千穂は、単調な農作業より、ここで目にした杣夫たちが山奥から巨木を倒して搬出する、勇壮ともいえる山出し仕事に興味を持った。

この事業所に出入りするようになり、本格的に搬出作業を手伝うため、「思い切って十円を投資して材出し用の牛を三頭買った」（夕刊D）。

この三頭の牛は、「阿蘇のあか牛」と呼ばれる褐毛和種で、去勢していない気の荒い雄牛を、千穂はうまく手なずけて、一緒に事業所で働くようになった。

体力でも胆力でも決して男たちに引けを取らぬ働き振りで、すっかり庭蔵に気に入られ、ある程度の仕事は任せられた。後に発揮されることになる、今でいう起業家精神も、ここで学んだのではないだろうか。

『祖母嶽』

庭蔵については、大正十四年（一九二五）に東京の朋文堂から発行された、祖母山に関する唯一の単行本『祖母嶽』の著者である百渓《ももたに》禄郎太が同書の中で触れている。

百渓は、明治三十二年（一八九九）開校の旧制延岡中学の第一回卒業生で、同期には、日向市東郷町出身で同じ文芸部に所属していた酒と旅と自然を愛した歌人若山牧水がいる。百渓は延岡中学卒業後、東京帝国大学で寺田寅彦から実験物理学を学び、卒業後はドイツの電気器械製作会社シーメンス社の日本代理店を創設した人物で、山登りと文学を愛した。

『祖母嶽』の巻末にある附録として大正十四年（一九二五）十一月に、三州倶楽部で講演した「祖母嶽に就いて」の内容が記載されている。少し長くなるが、当時の祖母登山の様子や佐藤庭蔵の事業所のことが書かれているので、そのまま引用する。

三州倶楽部とは、江戸時代を通じ三州（薩摩・大隅・日向）を治めた島津氏に由来する東京における社交機関で、大正九年（一九二〇）に社団法人となっている。

祖母嶽に就いて

（大正十四年十一月七日三州倶楽部に於ける著者講演の摘録　※一部、句読点を補う）

祖母嶽は九州一の名山又は高山と云はれながら割合に世間に知られて居ない。それ等の理由は、御手許に差上げた小著「祖母嶽」にも書いて置きましたが、此事実は最近に於ても依然として然りであります。昨年九月下関市山陽ホテルで九州雲仙嶽だけの案内記を貰ひましたが、本年七月に門司停車場に来ると門司鉄道局で作った富士山及び九州山岳登山のポスターが出てゐる。それを見ますと都合七座で富士山（一二四九〇尺)、阿蘇山(五二五三尺)、霧島山(五六一〇尺)、雲仙嶽(四四八七尺)、久住山(五九〇〇尺)、市房山(五六八一尺)、英彦山(三九五九尺)であります。更に右山岳の案内記を駅長に請求しますと阿蘇山、霧島山及び雲仙嶽の三部は此處に御覧の通り完全なものが出来てゐる。丁度谷文晁の名山図絵を見ても九州の部には英彦山、雲仙嶽、霧島山、阿蘇山、御岳(桜島)の五座を掲げ海抜五千八百尺の祖母嶽を逸してゐるのと古今同一であります。又一方から考へますと其宣伝の効果如何は別としても、少なくとも本年夏までは祖母嶽の山麓なる五ヶ所村でも神原に於ても之を天下に紹介する為めの小冊子も絵はがきも写真も見当たらない。

唯吾々の為め喜ぶべき事は、本年春三月に秩父宮殿下が高千穂国見台に登られた時、「九州に来て祖母嶽に登らないのは甚だ遺憾とする」旨述べられたのが動機となり、本年は例年になき多数団体の登山があったとの事である。

私がいつも祖母嶽の事をくだくだしく申し上げるのは、決して祖母嶽が古来の名山だとか伝説がどうだからだと云ふ丈けでなく、山そのもの及び其周囲が何とも云へない程佳い点があるのに皆さんは全然之を御存じがない。私は又決して皆様に是非祖母嶽にお登りなさいとは云はぬが、若しお暇があったらばこの山の事を調べて戴きたいと云ふのであります。

さて今夕は簡単に最近此七月廿九日私が登山した其前後の模様をお話ししたいと思ひます。

今から十七、八年前、私がまだ高等学校の学生だった頃にはどうしても熊本か高森で一泊、それから徒歩七里猿丸峠を越へて河内に出るか、又延岡より来れば河内まで同じく二日を要したものでありましたが、今回は延岡より朝八時の乗合自動車で三時間（三円）で五箇瀬川の峡谷に沿ふて三田井に入り、更に山岳相迫る間を馳る事一時間（一円）にして河内村に入る事が出来たのであります。河内村から愈々祖母山麓五ヶ所村に入るのでありますが、此谷は少々距離は近いが丁度北日本アルプスに登山するのに例の島々から軽鉄の枕木を飛び、徳本峠を越へて上高地に出るのに似てゐます。唯こゝでは徳本峠の代りに花崗斑岩よりなる崩野峠がある。徳本峠を越へて甫めて厳然たる大穂高岳を望み得る如く、崩野峠を越へて甫めて遠く祖母の温容に接し得るのであります。

祖母嶽が日肥間の駅路から全然隠されてゐるのは山が低いのでもなく、又必ずしも駅路から遠いのでもなく、全く祖母の周囲に駅路に沿ふて崩野峠、黒原越等の高山があるからであります。さて崩野峠を越へますと、写真から判ります通り地質は一面阿蘇山の裾野と同様に火山灰にて覆はれ、なだらかな傾斜にて五ヶ所村に出るのでありますの。五ヶ所は戸数約七十戸、梓川の代りに五ヶ所川の清流を控へ何となく上高地に似た所があります。

私は其日の夕四時頃五ヶ所に到着、此村の豪家矢津田家に一泊を乞ふ事としました。同家の古文書中祖母嶽に関係のものは大抵抜粋して例の小冊子に掲げて置きましたから御覧を願ひます。

五ヶ所村の由来は矢津田由来略記にありますが（注・高千穂舊記に五ヶ所村は上原、下畑、春山、嶽、佐々の原の五ヶ所をあつめて村となす故五ヶ所と号すといふ）、矢津田家の先祖矢津田義政氏が天正年間甫めて五ヶ所に入り之を拓いたのであって、先考矢津田鷹太郎翁は非常なる努力家で五ヶ所村に於ける水田は実に鷹太郎翁努力の結果といはれて居る。嗣子を矢津田義武氏といひます。小冊子の中に述べて置きました通り当村は海抜二千五百六十尺、日中盛夏と雖も華氏八〇度を昇る事稀なりと云はれてゐます。左に矢津田家で写した和歌二首を掲げます。

暑き日も肌身涼しき五ヶ所村

夏の真中に秋草そ咲く　　　中川久和
我庵は祖母の高嶺の朝日影
夕日を阿蘇の山の端に見る　　　矢津田鷹義

此夜遇然にも矢津田夫人から、東京での知人先輩である佐藤庭蔵氏が祖母嶽一の鳥居傍の木炭事務所に居らるゝ由耳にしまして、明日登山の途に訪問の予定を立てました。

翌廿九日は早朝起床八時案内を伴ひ矢津田家を出て約一時間後一の鳥居に着、佐藤氏を訪問。それから渓流を渉り草坂を登攀しました。登山路を称するも小径にすぎず、然もかつて霧島山の登山路に見たと同様に路は曲折する事なく必ず上方に直行してゐるのであります。発汗全身を濡す。かくて暫く此急坂を過ぐれば喬木帯に入るのであって、此一帯は密林で昼尚暗く丁度木曽駒ヶ嶽の中腹を登る時に似てゐるのであります。

一体欧州アルプスに比較して日本アルプスの特徴ともいふべき点は、一般に日本の山は麓から頂まで殆んど密林を以て覆われてゐる事でありますが、特に之れが祖母嶽に於ては顕著であってこれが地質上から来る山容と相俟って此山に軟味、温味とかいふ感じを起させる要素をなしてゐるのであります。

さて此密林を登って行きますと、ひどい急坂でありまして絶えず樹梢にコマドリ、ウグヒス等の鳴声を聞きながら絶壁罠場の滝に達するのであります。罠場の滝といふのは水の流下する滝ではなく、唯一方断崖であって其上から観望する時は満望密林極まる所を知らざる有様であります。小冊子の登山順路の條にも書いて置きましたが、茶屋尾羽根の高台は延岡藩主内藤候登山の際休憩せられた所としてありますが、内藤家何代目頃の事か先日以来延岡に調査方を照会してありますが未だ回答に接しませぬ。丁度河内村には当時延岡藩の番所も在った事なれば内藤候の登山もまづあり得べき事と考へられます。

頂上には昼頃つきましたが一時間休憩の上、天候と日程の関係上豊後下りを見合せ風穴をまわり再び一の鳥居に出で、佐藤庭蔵氏の事務所に一泊を乞ふ事と致しました。

祖母山頂に就いて申上ますが其眺望の広い事は申すまでもない。然し山頂に登った時の感じは同じ九州の山でも霧島山や阿蘇山の様な活火山に登った時とは勿論自ら相違がある。寧ろ九州の山では国東半島の双子山とか日向の尾鈴山とかの絶頂に登った時と同じ感じであります。例へば富士山や木曽御嶽の頂上に登った時は高いなといふ感じは勿論あるが、まわりが箱庭の様に見へながら、ほんとうの所、すぐ雄大といふ様な感じは起りません。吾々が燕嶽や大天井、常念とかの絶頂に立ってゐると、ぐるりにいづれも一萬尺前後の山がづらりと肩をならべてゐる。あの槍ヶ嶽とか奥穂高などとなるとても吾々を寄せつけさうな気色がない。あゝ云った様な自然の雄大さといふ事は祖母嶽には期待する事が出来ぬ。これは九州の高山は大抵さうではないかと思われます。

さて佐藤庭蔵氏の事務所は山中離れた渓流の辺りで、若夫婦と同氏と同氏の愛犬である大きなアイリッシュ・セッターに祖母嶽産の和犬各一疋だけであります。座敷の前面は渓谷であって、此渓谷を越へて山があり山林が続いて居るのであります。此事務所の手で出る木炭は目下毎月一千俵で将来毎月三千俵を産出せしめる予定だそうでありますす。冬になれば座敷で茶を喫して居ると向ふの山に雉や何かゞ来る、之を座しながら猟銃でうつと氏の愛犬がすぐくわへて来るのださうで、東京で土曜の晩から出かけて行って日曜一日かけまわって小鳥一羽とって来るのとは少々違ふ様に思はれます。又谷川にはイハナの類（マウンテン・トラウトの類）が沢山ゐて冬夏とも食膳の淋しい事はないさうであります。土地概に三千尺以上、盛夏汗を知らずといふ訳で、吾々が夕方着いた時は驟雨頻りに至りドテラをかりて着た様な始末でありました。

歌人牧水が昔高千穂でうたった歌に

夕さればいつしか雲は降り来て
　峯に寝るなり山ふかき國
月明し山脈こえて秋かぜの流るゝ
　夜なり雲高う照る
秋の蟬うちみだれ鳴く夕山の
　樹の蔭に立ちゆく雲を見る

といふのがありますが、祖母山麓の夕べは実に何とも云へぬ静かさであります。限りなく続いた原生林。天地悠久、静なる事太古の如しなどいふ様な感じは始めて比時に起って来るので、此境にしたる事の出来る所は祖母嶽を除いては他の山嶽では難しいと確信して居ります。

それから祖母嶽について尚つけ加へて置きたい事は此山には行基とか役行者とかいふ様なはじめて山を開いた人の伝説がない事と、も一つは全山隨処殆んど頂上近くまで冷徹肌をさす様な水があって、決して水の不自由のない事であります。尚いろく御話したい事がありますがあまり管々しくなりますから、これでお終《しま》いに致します。

尚終りに臨みまして申上げたい事は『祖母嶽』を編みますに当り先輩同窓諸君に非常なる御援助を蒙った事で、特に山岳標高では陸地測量部三角課長理学士石井工兵大佐（後の陸地測量部長石井少将）、植物方面では農林省山林局技師山下林学士、地質方面では古河鉱業会社豊田工学士の三同窓に、又伝説、史蹟、登山順路其他に関しては甲斐岩戸村々長、阿南姥嶽村々長、興梠田原村々長、五ヶ所村舊家矢津田義武氏、三井合名理事大島雅太郎氏、大分日日新聞社其他の諸君に、又友人山口庚子郎氏は此等の材料をまとめて下さいましたので漸く本書が完成した訳で、何れも此機会を利用して厚く御礼を申上る次第であります。（完）

アメリカ・ボーイ

『祖母嶽』の中に、いくつもの興味あることが書かれているので、当時の様子を知るために、少し検証を加えてみる。
一、庭蔵と一緒に若夫婦がいた。
千穂は、明治三十年生で、「二十一歳の時に結婚し、五年後に離婚」（夕刊Ｄ）となっ

祖母山五合目の千間平付近と思われる場所で
猟を楽しむ千穂と庭蔵（興梠晃氏提供）

ているが、戸籍簿等を確認した訳でもないと思われるので、この若夫婦とは千穂夫婦であった可能性もある。

二、事務所には洋犬がいた。

庭蔵の愛犬に、アイルランド原産のアイリッシュ・セッターが飼われており、当時、このような山奥の事業所で洋犬が飼えるのは、よほど洋風の生活体験がある者か、経済的にも相当の余裕がある者であろう。

三、座敷から銃猟ができた。

当時は、身近に野生鳥獣がかなりいたことに加え、庭蔵と千穂が洋犬と思われる猟犬を連れて一緒に猟をしている写真も残っている（上掲写真）ので、千穂は、若い時から銃猟を楽しんでいたようである。

四、すぐ近くの谷川には、イワナがいた。

事業所下の谷川（大谷川上流）には、イワナの類（マウンテン・トラウトの類）がたくさんいた。本文中の動物の項では、エノハ（ヤマメの地方名）と記してあり、両者は区別され、当時は、この付近にはたくさんのイワナがいたと思われる。

五、カメラのこと

「祖母嶽」の巻末に、祖母嶽一の鳥居にて佐藤庭蔵氏撮影と書かれた百渓自身の写真があり、百渓とその一行と思われる登山者と一緒に庭蔵と千穂が写っている写真も残っており、庭蔵は、当時国産品がない時代に、外国製の小型カメラを持っていたと思われる。

百渓の祖母山についての講演会の内容から、当時、一の鳥居にあった事業所の様子が、ある程度窺える。

百渓は、明治十八年（一八八五）生まれで、この祖母登山当時は四十歳、庭蔵は先輩とあるから四十歳を越え、千穂は二十八歳である。

一の鳥居で登山者と一緒に写った千穂（手前）と
庭蔵（左端）。中央が百渓か？（興梠晃氏提供）

庭蔵の人物像については、わからないことも多いが、以前に延岡市在で甥に当たる甲斐泰氏を取材した時に、若い頃はロサンゼルスでレコード店を経営して成功したと聞いており、百渓は「東京での知人先輩」と書いており、それなりの実業家であったと思われる。

五ヶ所の古老たちに聞くと、アメリカボーイと呼ばれていたと言い、背も高くダンディで、残っている写真からも、そのような風貌である。千穂とは、かなり年が離れていたようである。

講演の内容や当時の写真からも、信仰登山は別として、まだスポーツ登山は黎明期で、背広にネクタイ姿の登山者からも、一部の特権階級の趣味の域を出ていなかった。そのような登山者たちを、庭蔵の事業所は快く受け入れ山小屋の役も果たしていたと思われる。

このような環境下で、千穂は多くの杣夫や炭焼きたちと共に重労働を続けながらも、庭蔵からアメリカのことや経営のこと、百渓から東京やドイツのことや世界情勢について聞き、多くのことを学び取ったようである。

また、登山者とも交流しながら、奥山暮らしでは考えられないような最新の情報を身を乗り出すようにして聞き入り、これらは、彼女のその後のものの考え方や行動にも大きく影響したものと思われる。

ここでの幅広い経験から視野が拡がり、自身の事業欲も次第に膨らみ、経営は庭蔵からほぼ任されて、かなりの蓄財もできたようである。

祖母山製材所

「彼女は、祖母山登山口の一の鳥居に『祖母山製材所』を建設した。製材所出入りの荷馬車は約七十台。伐採、搬出、製材、炭焼きの山男たち約百五―六十人をアゴで使

った。一カ月に三千円ぐらいを残すほどの羽振りのよい女実業家になった。」（夕刊D）

一の鳥居周辺は、製材所関係の杣夫やその家族で、一つの村として賑わい、炭を焼く煙は谷間一面に漂っていた。

百渓と旧制延岡中学で机を並べた若山牧水の炭焼きの歌がある。

炭やくと　伐り剝《はが》したる岩山に
　残れる若木雪にうもれつ
冬山にたてる煙ぞなつかしき
　ひとすぢ澄めるむらさきにして
野の萱を編みて作れる炭俵
　冬野のにほひふくみたるかも

製材所で製品となった板は、大谷川沿いに設けられた木板で作られた大きな樋で、五ヶ所小学校下の「たる屋」と呼ばれる屋号の家の前にある田まで流され、そこで干されていた。樋を支える棒杭の穴は、今も途中の川岸に残っている。

現在の一の鳥居。祖母山登山口は２㎞近く奥の北谷登山口

寄進

千穂が、一の鳥居下の製材所で働いていたことを今に伝える証が残されている。鳥居の回りは、今は新たな道も通り、当時の面影を残すのは、天保五年十一月十八日奉寄進（天保五年は一八三四年）と刻まれた石祠と、その周りを囲む十五本の石柱のみである。

中央の柱には、「奉寄進祖母嶽神社氏子中」「昭和十年五月十八日改修」と書かれ、それぞれの石柱に寄進者七十余名の名が刻まれ、金二円興梠千穂の名がある。もちろん女性は彼女一人だけである。当時は、米一〇キロが二円五十銭の時代である。

寄進額は、三円、二円、一円があり、千穂は氏子でもあり、当時の男性中心の社会において、それなりの信用と地位を得ていたものと思われる。

昭和十年（一九三五）は、美濃部達吉の天皇機関説が槍玉にあげられ、「国体」という聞き慣れぬ言葉が飛び出し、軍務局長の永田鉄山が陸軍省の執務室で相沢三郎中佐に斬殺され、漂い始めた暗雲に、国民全体が次第に息苦しさを覚え始めた時期である。

祖母山祭り

当時、毎年五月十八日になると、一の鳥居では、盛大に祖母山祭りが行われていた。村の中心部にある祖母嶽神社では、七日十八日に夏祭りが行われたが、祖母山祭りの方がずっと賑わっていた。

一の鳥居の周辺には、多くの出店が立ち並び奉納相撲大会や剣道大会に加え、一時は祖母山登山マラソンまであった。遠近から多くの参拝者が歩いたり、馬車に乗って来たりと、それは大賑わいであったという。

相撲大会では、千穂の武勇伝も残っている。千穂は、廻《まわ》しを締めて土俵に上るといい始め、さすがに女人禁制の土俵に女性が上れば、山の神の気嫌を損ない、山仕事で大き

祖母山祭りでの相撲大会（昭和６年撮影・甲斐英明氏提供）

な事故でも起きたら大変と、杣夫たちに必死に止められ、ようやく諦めたらしい。

奉納神楽の舞手（この地方では奉仕者・ほしゃどんと呼ぶ）には、折詰に御神酒が事業所の広間で出されるという大盤振る舞いであった。

祖母山祭りは、ほぼ千穂が仕切っていた祭りで、相当の出費も惜しまぬ損得抜きの興業主の様相さえ呈していたようである。

第三章　軍部御用達

暗　雲

時代は、昭和へと移り、一の鳥居の製材所は順調に稼動していたものの、当時の日本は戦争へとひたすら進む軍事主導のファシズムの道を、泥沼に向かって歩き始めた時代でもあった。

「満州に王道楽土をつくる」という構想を国民は信じるともなく信じていたが、軍部の暴走により日本は、世界の孤児となる道を踏み出していたのも事実である。

「暴支膺懲《ぼうしようちょう》」（横暴な中国を懲らしめるという意味）などという一方的なスローガンのもとに、中国に対し宣戦なしの武力行使で屈服させようとし、昭和三年（一九二八）には、済南事件や張作霖爆死事件が発生し、日中関係は、急速に悪化し始めた。

その頃の状況が、一の鳥居に奉納された石灯籠から読み取れる、石祠に向かって左の灯籠の右側面には「支那山東派遣軍第二十三連隊田上惟武」、右側面には「昭和三年済南事件武運長久願成就」と刻まれている。

済南事件とは、昭和三年五月に中国山東省済南で、日本人襲撃事件により中国国民政府軍との武力衝突が起き、双方に死傷者が出た事件で、中国民衆の反日感情は、この事件で一気に高まった。田上惟武は、千穂が嫁いでいた嶽集落の出身で、千穂より九歳年下であるが、懇意にしていた間柄であった。

アイ・シャル・リターン

日本は、昭和十二年（一九三七）七月、蘆溝橋に響いた一発の銃声から日中戦争に突入した。政府や軍は、戦争とはいわず「事変」といい続けたので、国民は、モヤモヤとした感じのまま、戦時体制に引きずり込まれていった。

昭和十四年（一九三九）のノモンハン事件、翌十五年（一九四〇）日独伊三国同盟締結、大政翼賛会発足、十六年（一九四一）四月、日ソ中立条約締結を経て、いよいよ世界の孤児となった日本は、ついに米英の列強を相手に開戦を決定した。

昭和十六年十二月八日朝七時四十九分、ハワイの真珠湾に碇泊していた米戦艦群に、日本は航空機による奇襲攻撃を加え、太平洋戦争に突入した。

その日の朝七時のラジオ放送は、大本営発表（第一号）として「帝国陸海軍は、本八日未明、西太平洋に於いて米英軍と戦闘体制に入れり」という内容であった。この日は、日本が完全にアメリカの戦術に嵌《は》められた日でもあった。


真珠湾への奇襲攻撃で火蓋が切られた太平洋戦争で、日本が有利に戦いを展開したのは、同じような戦法が通用した緒戦のみであった。

海軍の連合艦隊による真珠湾攻撃に対して、陸軍は開戦と同時に三つの作戦を展開した。一つはイギリス領マレー半島とシンガポールの攻略、二つ目は同じくイギリス領の香港攻略、三つ目はアメリカ領フィリピン攻略である。

これらの地域を占領した後、オランダ領東インド（蘭印・現在のインドネシア）を占領して、当面の目的である石油資源を確保する目的で、これらが順調に進めば、イギリス領ビルマ（現在のミャンマー）に兵を進めることになっていた。この広大な地域を一斉に攻略する作戦を総称して「南方作戦」と呼んだ。

フィリピン攻略は、本間雅晴中将が指揮する第十四軍が担当した。一方、米比軍（比はフィリピンの意味）の最高指揮官は、ダグラス・マッカーサー大将であった。

開戦と同時に行われた陸海軍航空隊の空襲で、米空軍は、ほぼ全滅し、マッカーサー以下米比軍は、バターン半島へと退却した。ルーズベルト大統領は、マッカーサーにオーストラリアへの脱出を命じた。マッカーサーは、「アイ・シャル・リターン」の言葉を残し、ミンダナオ島からオーストラリアへと飛び立った。

コレヒドール島の要塞は、日本軍の砲爆撃により、昭和十七年（一九四二）五月六日、ついに白旗を掲げ、フィリピン全体の米比軍は降状した。

ビジネス・チャンス

千穂は、この戦争を、現在のことばに例えれば、絶好のビジネスチャンスとして捕えていた感がある。まさに、ピンチはチャンスを地で行ったのである。

宮崎・熊本・大分の三県境に熊本県阿蘇郡野尻村（昭和三十二年［一九五七］に高森町と合併）があり、その中心地が津留《つる》という町である。勤皇の志士高山彦久郎が、久留米で自害する前年の寛政四年（一七九二）の七月二十日、高千穂から崩野峠を越えて、この村に入り、ここで泊まっている。

万福旅館開業時の写真（年代不詳・興梠晃氏提供）

明治二十二年（一八八九）の町村制施行により誕生した野尻村は、大字津留、野尻、尾下《おくだり》、河原《こおら》の四地区で構成されている。当時の人口は、二千五百人ほどである。

製材所のある五ヶ所からも比較的近く、宿場町的な機能を持つこの町に、千穂は拠点を置き、一の鳥居の製材所での蓄財と経験を元に、さらに二つの大きな事業を立ち上げた。

その一つは、町の中心部に万福旅館という木造二階建ての旅館を建てて、その経営者となった。彼女の面倒見と気風の良さで大いに繁昌し、皆に大きな福をもたらすようにと名付けた万福旅館は、千穂にも旅人にも村人にも福をもたらした。

海軍嘱託の肉用牛牧場を経営していた頃の千穂（後列中央・興梠晃氏提供）

もう一つは、町の周辺にある広大な原野を活用しての海軍嘱託の肉用牛牧場の経営である。経営手腕もあり、牛の扱いには慣れていた千穂は、多い時には、百七十頭もの牛を放牧し飼育していた。

和銅六年（七一三）に諸国の郷名を二文字に改めよとの政令が発布され、九州中央部に広がる阿蘇から高千穂にかけては「智鋪」「智保」「知保」の文字が充てられたが、共通する語源は、稲を表す「千穂」である。

千穂は、まさに当初は、このエリアをビジネスの舞台にしていたのであるが、それだけでは満足できないスケールの大きさを秘めており、さらなるチャンスを狙っていたのである。

南の島へ

千穂は、時代の流れの中で、実に上手に、そして自由に生きた。この生き方は、千穂生来の血の中にあったものか、あるいは誰かから学び取ったものかはわからないが、その発想と行動力には、誰にも真似できないような独創性と奇抜性とスケールの大きさがあった。

俄《にわか》には誰にも信じられないような話であるが、証言者もおり、千穂の女傑ぶりを伝える逸話が残されている。

前述の牧場経営のことも含めて、「太平洋戦争中は、フィリピンのダバオに渡航し、海外での木材業経営を志したが、戦況不利のため帰国。野尻村で買い入れた高原地帯で日本海軍嘱託の食肉生産繁殖牧場の経営に恵念した」（夕刊D）と書かれているが、前後関係は不明である。

周囲を海に囲まれた南西諸島から海の民の末裔が、さらに海を渡って新天地を求めるという話ならわかるが、千穂は、九州の中央部にある高千穂の山里で生まれ育った山の民の末裔で、しかも祖母山の麓を生活の拠点としていたのである。

千穂が、祖母山麓から、突然、南の島に姿を現わしたのは、まだ勝ち戦の続いていた緒戦の頃のことかと思われる。

当時の様子についての証言が得られたのは、終戦後のことであるので、時系列的に話を展開するため、このことについては後述する。

超空の要塞誕生

日本が、快進撃を続けたのは「南方作戦」を展開していた緒戦のみであった。

日清、日露戦争勝利の夢から覚めずに大艦巨砲主義に依存した日本海軍は、昭和十七年（一九四二）六月初旬、山本五十六司令長官率いる連合艦隊によるミッドウェイ海戦に挑んだものの、前近代的な海からの攻撃に対し、アメリカ軍は、航空隊による空からの近代戦で迎え討ち、その集中的な攻撃により、日本軍は守勢一方に回り大敗した。

山本司令長官は、翌十八年（一九四三）四月、ラバウルからガダルカナルへ前線視察に行く途中で、暗号を解読されて待ち伏せしていたロッキードP－38十七機に撃墜され、戦死した。

中国戦線は、出口の見えない長期戦になり、戦力を消耗し始め、この頃から戦局は、

超空の要塞・B-29（『世界の傑出機ボーイングB-29』文林堂より）

一気に悪化した。

一方のアメリカは、太平洋戦争に突入する前から、日本本土攻撃の戦略を持ち、その兵器の開発を昭和十四年（一九三九）から始めていた。

その兵器は、のちに日本全土を焦土と化し、広島と長崎への原爆投下をも担い、終戦を決定的にした超大型爆撃機B-29である。ボーイング社が威信をかけて開発したB-29は、両翼の全幅が四三メートル。全長が三〇メートルという巨大さで、「スーパー・フォートレス／超空の要塞」の別名が付いていた。

アメリカ軍部の開発にかける意気込み

には並々ならぬものがあり、原爆開発の「マンハッタン計画」に投入した歳費は二〇億ドルであったのに対し、B-29の開発とその製造試験には、それを上回る三〇億ドルもの巨費が投じられた。

B-29の性能は、高度一万メートルを飛ぶことができ、最長航続距離九〇〇〇キロメートル。二万ポンド（およそ九トン）の爆弾を積んでもなお五二〇〇キロメートルを飛行できるため、ひとたび戦場に投下されれば、圧倒的優位に立つことができる兵器と期待されていた。

昭和十九年（一九四四）夏、日本が絶対国防圏と考えていたサイパン・テニアン・グアムといったマリアナ諸島が陥落した後は、この三島が対日爆撃の拠点となり、一気に日本本土空襲が本格化した。

当初は、日本の軍事施設や軍需工場などに限定した「精密爆撃」にこだわったが、カーチス・ルメイ少将が指揮をとると「無差別爆撃」が始まり、昭和二十年（一九四五）三月九日から十日にかけて行われた東京大空襲では、三百機以上のB-29が、日本の首都東京を襲い、死者はおよそ十万人に及んだ。

その後、大都市から地方の中小都市まで、B‐29は、日本の上空を我が物顔で飛び回り、各地の都市を焼き尽くした。

同郷兵

昭和二十年に入ると戦況はいよいよ悪化し、三月十七日、嶽出身の田上惟武伍長三十九歳が、武運長久の願いも空しく硫黄島で戦死した。同じ日に、隣の田原村奥鶴出身の佐伯一夫兵長二十九歳も硫黄島で戦死している。おそらく同じ部隊に所属し、中国大陸から硫黄島へと向かう船上で星空を仰ぎながら二人で故郷の話をしつつ転進したものであろうと思うと、戦争の非情さを痛感する。

硫黄島守備隊指揮官の栗林忠道中将（戦死後大将）は、その日に、本土の大本営に向けて訣別電報を発している。

「戦局最後の関頭に直面せり　敵来攻以来麾下《きか》将兵の敢闘は真に鬼神を哭《なか》しむるものあり特に想像を越えたる物量的優勢を以てする陸海空よりの攻撃に対し宛然《えんぜん》徒手空拳を以て克《よ》く健闘を続けたるは小職自ら聊《いささ》か悦びとする所なり（後略）」（『戦史叢書　大本営陸軍部〈2〉』）。

同じ嶽出身の田上秋男兵長二十歳は、昭和十八年一月二十日、トラック島で戦死し、この戦争で、わずか十戸にも満たない小さな集落から二人の戦死者を出し、五ヶ所地区全体では二十一人もの戦死者を出している。

悪戯

その頃、祖母山のはるか上空を、あたかも勝ち誇ったかのように、大きな銀翼をキラキラと光らせながら空襲に向かっていくB-29の編隊が増えた。

子供たちは、腹を空かせ青鼻を垂らし、継ぎはぎだらけの洋服にシラミを湧かせ、ポカンと口を開けたまま空を見上げ「母ちゃん、またビーニクが飛んで来たバイ。」と恐がる様子もなく眺めていた。

その中には、父親は戦地から、空の白木の箱に入って帰ってきた子供もいた。

これらのB-29は、空襲の効果が、まったくないような山奥の寒村である五ヶ所に一度だけ「悪戯《いたずら》」をしたことがある。

五ヶ所小学校創立百周年記念誌に、嶽に住む田上馨（当時五十七歳）は、次のように書いている。

「昭和二十年三月二十九日、武運長久祈願の為、祖母嶽神社に向かう途中だったと思う。午前十時半頃、B-29が五ヶ所上空を通過。延べ百五十機。筒が岳の後方に焼夷弾を投下。山火事が起こった。ついに敵国の空襲にしてやられたかと思うとくやしくてならなかったが、私は出征の前日の事故。山火事には行かなかった。」

米軍のB-29出撃記録によるとこの頃には三月二十七日、一五一機で太刀洗、大分、大村方面を空襲しているので山火事発生日の記憶違いとも考えられる。

この山火事の消火にあたった一人に、警防団（現在の消防団）に入ったばかりの原山集落の甲斐秀国がいた。団員たちは、そのうち焼夷弾を落としたB-29には、祖母山の山の神の罰が当たって墜落すると悔し紛れに言いながら、懸命に消火活動に当たった。

終戦

六月二十九日夜半、五ヶ所に一番近い都市延岡市が、約五十機のB-29の空襲を受け、三百十九人が即死し、中心街は焦土と化した。

八月六日午前八時十六分、広島市の上空でテニアン島から飛来したB-29「エノラ・ゲイ」が放った「リトル・ボーイ」という名の原子爆弾が炸裂し、その年十二月末までに約二十万人が死亡した。

三日後の八月九日午前十一時二分、同じB-29「ボックス・カー」が、長崎市の上空から原子爆弾「ファットマン」を投下し、当時の長崎市の人口二十七万人のうち約七万四千人の命が奪われた。

同じ八月九日午前零時、ソ連が日本に宣戦布告し、精鋭を誇った満州の関東軍は、南方への転進が続き弱体化し、戦車五千輌、飛行機五千機、兵員百七十万人というソ連の大兵力の前には、相手にならなかった。


八月十四日御前会議が開催され、鈴木貫太郎首相、東郷茂徳外相、阿南惟幾《これちか》陸相、米内光政海相、梅津美治郎参謀総長、豊田副武《そえむ》軍令部総長の六人の最高戦争指導会議の巨頭に全閣僚と平沼枢密院議長が参列し、天皇の「聖断」により、日本の無条件降状が決まった。

八月十五日正午、ラジオからの無条件降状を知らせる玉音放送を、五ヶ所高原の三秀台の下にあった粗末な藁葺《わらぶ》き屋根の小屋に寝泊まりし、原野を開墾し食糧増産に励んでいたまだあどけさの残る農兵隊員たちは、雑音ばかりのラジオで聞いた。田辺清緑《きよみ》は、高千穂農学校の校庭で聞いた。
戦争は終わった。

第二部　Chiho Korogi

第四章　親父山――降ってきた超空の要塞――

千穂は、時勢をいち早く読み取る能力と、それによって状況をすばやく判断し、臨機応変に対応できる行動力を持っていた。

一旗揚げようと勇んで南の島に進出していたものの、戦況不利と判断すると、どういう手段を用いたのかはわからないが、いつの間にか再び一の鳥居の製材所に戻っていた。

その時期は不明であるが、終戦の知らせは、おそらくこの製材所か津留の旅館で聞いたものと思われる。

若い時から佐藤庭蔵や百渓禄郎太を通して、アメリカやドイツのことは十分聞いており、南洋の島での体験から、この戦争の帰結は、今まで決して口にしたことはないものの読み取っており、驚くどころか次の計画に向けて、密かな構想さえ持っていたのかもしれない。

しかし、終戦から二週間近く過ぎた雨の日の朝に、さすがの千穂もまったく読み取れなかった大事件が発生した。

突然、製材所の真上の山に、空から、つい先日までの敵国であったアメリカが降ってきたのである。

昭和二十年八月三十日朝

その日も朝から雨が降っていた。前日も前々日も雨で、四日前から三日間続けて大雨が降り、祖母山から傾山にかけての一六〇〇メートル以上の山々は、すっぽりと厚い雲に覆われていた。

八月末とはいえ、さすがに祖母山に一番近い所の標高一二〇〇メートル近くにある製材所は、雨の影響もあり肌寒いくらいで、事務所の囲炉裏には薪が焚かれていた。

その回りには、雨ですることがない杣夫たちがすぐ下の大谷川の上流部で釣ってきた尺物の大イワナが竹串に刺され、囲炉裏の火も見えないくらいに並べられ、何ともいえない魚が焼ける香ばしい臭いが、部屋中に漂っていた。

終戦から二週間。若い杣夫の中には、まだ戦地に行ったままの者もおり、終戦の大混乱で製材の注文も少なく、ラジオも電波が届かず、千穂がラジオ代わりに、最近まで新たな事業を展開しようとして渡洋したラバウルでの話を身振り手振りで、面白おかしく杣夫たちに語り続けていた。

山暮らしが長く、ヒゲも伸び放題の杣夫たちは、千穂の信じられないような武勇伝を皮切りに、南洋の珍しい食べ物や風習について、目を丸くして聞き入っていた。

緒戦のフィリピン戦で、日本軍に敗れてオーストラリアに逃げ込んだマッカーサーの話や、ラバウルで出会った多くの日本軍将校たちとの思い出話には特に熱が入り、まるで女講談師の話を聞いているような光景であった。

昭和二十年八月三十日。朝から話が盛り上がって最高潮になった八時半過ぎ、突然山の上の方から雷でもなく、阿蘇山の噴火にしては近すぎる、今まで聞いたこともないような、雷鳴とも爆発音とも異なる轟音が轟き、一瞬山全体が揺れたような気がした。

少し間を置いて、連続して何かが爆発するような音が聞こえてきた。千穂は、何かの巨大な物体が、空から山に衝突したと直感した。それは、日本ではない、他の所から飛んで来た巨大な物体のような気がした。

偵察隊

千穂は、山の中で起きた大変な出来事の次第を、それなりに頭の中に描くと決断は早かった。とにかく現場に急行し、この出来事の内容を把握することが先決と判断した。

事業所の従業員の中で、特に山に慣れ、物怖じしない屈強な三人を選び、現場に向かわせることにした。彼らは、まったく今までに経験したことのない想像もつかない現場に行かされることに大きな不安を感じたが、親方であり信頼する千穂の指示に従うしかなかった。

三人は雨合羽を着て、手には長い鳶口《とびくち》を持ち、腰には、いつもより長めの腰鉈を下げ、背嚢《はいのう》には、この地方でメンパと呼ばれる曲げ細工の木製の弁当箱に、麦飯と味噌と梅干しを詰めた。また、事業所にあるだけの晒《さらし》と怪我した時の傷薬に気付け薬も入れた。

身支度を整えた三人に対し千穂は、もしも、その現場に生きている人間がいたら、まず助け出すことと、何があっても絶対に手を出すなと念を押した。

降りしきる雨をついて、何が起きているかもわからない現場へと向かう三人を千穂は見送り、他の杣夫たちも心配そうに、彼らの後ろ姿を見送った。猟犬たちも異変を感じたかのようにしきりに吠え立てた。

　雨で仕事が休みの日には、三人で大谷川の上流部までは時々イワナ釣りに入っていたが、今回、今まで聞いたこともないような音がしたのは、そこよりかなり上流部の、さらに奥になる親父山方面で、そこまで足を延ばすのは初めてである。

　雨に濡れた大きな岩に、足を取られないように注意しながら、三人はアワセ谷を詰めることにした。いくつもの沢を越え、大きめの滝は高巻きしながら必死に登り、二時間ほどで、一本の大きなイチイの木がある稜線と思われる尾根に辿り着いた。

地獄絵図

　すると突然、あたりの空気が急に変わり、異質な雰囲気に包まれた。いきなり響いた連発銃を撃ったような銃声に怯《ひる》み、稜線を吹き抜ける風に、ガソリンのような臭いや獣の毛と肉が焦げるような臭いまで漂い始め、不気味な気配を感じながら、三人は、ヒゲ面の顔を恐怖に襲われた目で見合わせた。

　腰を落として這うようにして最後の稜線を越えながら、銃声らしい音と異臭が段々と強くなる方向をめざして、鳶口と腰鉈を汗ばむ手で握りしめて近づいた。

その時、突然、目の前に深い霧と雨の中で広がったのは、もちろん、今までに見たこともなく想像もできないような異様な光景であった。二反歩（約六〇〇坪）ほどの焼野ヶ原が現われ、直径が一メートルもあるような大きなブナの木も薙ぎ倒されていた。

そのほぼ中央部にある、抉《えぐ》り取ったような大きな窪みの中に、巨大なキラキラ光る、家一軒分ありそうな長い胴体状の金属の物体が突き刺さったように横たわり、バラバラになった翼と、四つの大きなプロペラが地面に折れ曲がったまま突き立ち、あちこちからブスブスと小さな炎とゴムの焼ける煙と臭いを出していた。

そこに横たわっていたのは、明らかに日本にはない超大型の飛行機で、つい先日まで祖母山の上空を、銀翼をキラキラと光らせながら無敵を誇示するかのように飛んでいたアメリカのB-29のようであった。

金髪の死体

それ以上に、三人が腰を抜かさんばかりに驚いたのは、金色の髪で青い目をした日本人ではない人間の無惨な死体が十体近く、あたり一面に散乱していたことである。近づくのも恐ろしく、遠目に見ても木にぶら下がった身体の一部や脱げ落ちた編上靴の中に、そのまま残った足の一部も見られ、この世の地獄と思える光景に三人の顔は青褪め、お互いに目を合わせると一目散に、踏み跡をたどりながらずぶ濡れのまま沢を下り、転がるように山道を走り、製材所へようやく駆け込んだのは、日没少し前だった。昼飯の入ったメンパは蓋も開けないままであった。

三人は、竹樋に引かれた沢の水を、水溜めから柄杓で一気に何杯も飲み干すと、ようやく我に戻り、千穂に見たままの光景を早口で報告した。そして、現場には、生存者は一人もおらず、あたり一面には、今まで見たこともない大量の箱と、そこから飛び出したたくさんの品物が散乱していたことも付け加えた。

これらの話を聞くや否や千穂は、馬繋ぎ場から馬を引き出し、愛用の乗馬ズボン姿で跨り、雨の荷馬車道を走らせ、村の中心部にある矢津田義武（第十八代田原村々長）の家に駆け込んだ。

矢津田村長は、千穂からの報告を聞くと、一大事と判断し、すぐに役場への通勤に使っている馬に乗り、役場の下にあった高千穂警察署河内部長派出所に向かった。

このシーンと次に続く現場検証のシーンは、墜落現場に何十回となく足を運び、当時の様子をイメージしながら、以前に古老たちに取材して聞いた話や米空軍歴史研究センターから入手した事故報告書をもとにした筆者のフィクションであるが、その時の様子を、ほぼ忠実に再現しているとの思いは強い。

親父山に、B-29と思われる巨大な飛行機が墜落してから六時間が過ぎようとしていた八月三十日午後二時十五分、厚木飛行場にバターン号（C-54輸送機）が着陸した。

タラップが降ろされると、サングラスにコーンパイプ、ノーネクタイのマッカーサーが姿を現し、一歩一歩感慨深げに、周囲を見回しながらタラップを下りてきた。

1945.8.30 厚木飛行場に降り立ったマッカーサー（「戦後日本の70年」共同通信社より）

出迎えた日本進駐第一陣のアイケルバーガーに対し、マッカーサーは、「ボブ、メルボルンから東京までは遠い道だったが、どうやらこれで行きついたようだね。これが映画でいう〝結末〟だよ」と述べた。

ここから「青い目の大君」マッカーサーの占領政策が、しばらく続くことになる。

第五章　富める国・飢えた国

現場検証

河内部長派出所から急報を受けた高千穂警察署長斎藤早雄《たけお》は、戦勝国アメリカの大型軍用機の墜落事故らしいと聞くと、事が事だけに翌日三十一日と翌々日の九月一日に再び、墜落当日、現場に急行した製材所の三人に案内させて、取り急ぎ現場の状況を実際に確認することにした。

この第一回目の公式な現場検証により、アメリカの大型爆撃機であることと、生存者は一人もいないことを確認した。

事故報告書には、このことについて「参考」として、次のように記録されている。

ファイル№11〜14

(1) 一九四五年八月三十一日から九月一日にかけて遭難機を検分した人々のリスト

(a)司法関係の責任者

サイトウタケオ（副検査官）

民間監視人

シモムラハヤト（巡査部長）

カワノハツオ（巡査）

スズキヨシユキ（巡査）

ヒサトシシゲル（巡査）（※筆者注　姓と名が逆か？）

(b)田原村

警防団長　カワタシゲトシ他十七名

（※筆者注　役場職員の河内重利）

(c)田原村（大字五ヶ所）

製材所を含む一般村民十七名

この三十九人の中には、当然千穂も含まれているとみられる。

進駐軍のイングイ中尉と射撃の腕を競う白川武夫
（当時宮崎警察署長・本人提供）

白川警部補

終戦からまだ日も浅く、しかもアメリカの大型軍用機の墜落事故で、多くの搭乗員全員が死亡しているという事の重大性から、地方の一警察署長の判断だけでは対処できないと考えた斎藤署長は、急いで県警本部に報告した。

県警本部からは、すぐに現場検証の責任者として白川武夫警部補が派遣されることになり、都農《つの》にあって終戦処理に忙殺されていた憲兵隊から山崎岩太郎伍長、同じく都農にあり、米軍の九州上陸に備えていた菊池兵団（兵団長桜井徳太郎）から中尉と軍医も同行することになった。

地元からは、斎藤署長を筆頭に矢津田義武田原村々長、河内の大工五人（現地で棺桶を作るつもりだったらしい）も動員され、宮下林業（米軍報告書に記録されているので、当時一の鳥居の事業所は、そう呼ばれていたようである）の山口繁太郎を頭とする杣夫九人に加え、五ヶ所地区の警防団員十五人も加わり、総勢四十名近くとなった。

本格的な現場検証が実施されたのは、墜落事故から六日目の九月五日のことである。事故からそのままの現場の状況は、目を背けたくなるような酸鼻を極める凄惨さであったが、つい先日までの交戦国かつ戦勝国の軍用機事故とあって、特に念入りに、後日のことも考えて検証が進められた。

六つの十字架

現場検証を終えると、二遺体を一つにして、六つの仮の穴に丁重に埋葬し、矢津田村長の提案により木で六本の十字架を立て、各々に一から六までの番号と昭和二十年八月三十日と書き、全員で静かに手を合わせた。

矢津田家は、由緒ある武士の家系で、義武の中にもその血は流れ、昨日までの敵国の兵士に対する武士の情に基づく行為でもあった。また、矢津田家には、明治から大正にかけて夏になると熊本や福岡から、たびたび宣教師たちが避暑に訪れており、義武はキリスト教に対する知識と理解があった。

白川らは、遠からず進駐する米軍の調査隊のことも想定して、一の鳥居の製材所と墜落現場に、次のことを書いた看板を立てた。

注意書

一、飛行機の墜落現場から品物を持ち出すことを禁ずる。

二、立ち入り禁止

三、航空機の墜落地点に入ること及びその地点から物品を持ち出すことを厳重に禁止する。もしこれを破った場合は厳しく罰する。

菊池部隊

都農憲兵隊

高千穂警察署

今回の現場検証の内容は、九月九日付で、高千穂警察署長から県警本部長あてに防衛

救援物資の投下を待つ連合国軍の捕虜（『捕虜収容所補給作戦』より）

関係文書五〇八一で報告された。

捕虜収容所補給作戦

日本の主要都市を焼き尽くし、敗戦を決定付け、テニアン基地で翼を休めていたB-29に、最後の作戦命令が下った。戦争は終わり、敵の攻撃を受ける心配もまったくない、まさに「ラスト・フライト」となる予定の作戦であった。

それは、中国、朝鮮、台湾、満州及び日本本土にあった連合国軍の捕虜収容所に対する補給物資投下作戦で、八月二十七日から九月二十日の間に展開され、各爆撃航空団所属のB-29は、一五八カ所の戦時捕虜と抑留民間人の収容所に対して、九百回の有効な出撃飛行をした。これらの任務で投下された補給物資は、全部で四四七〇トンであった。

八月三十日夜半、突貫作業で補給物資を積み込んだ一機のB－29（機体番号四四－六一五五四）が十二名の搭乗員を乗せて、九州の福岡県内にあった捕虜収容所に向けて基地を飛び立った。機長は、三日前に二十六歳の誕生日を迎えたばかりのリッグス・ジャック大尉であった。

戦争は終わった。戦う目的がなくなった一機のB－29は、戦争中の、あの極度の緊張感を忘れたかのように、太平洋を越え日本に近付き、九州と四国の間にある豊後水道から、あいにくの強い雨と濃霧に包まれた九州山地の主峰・祖母山に連なる障子岳を、まさに越えようとしていた。

その時、誰もが想像できなかった悲劇が起こった。補給物資は、首を長くして待っていた捕虜たちに届くことはなく、無敵を誇ったこのB－29は、最後の任務も果たすこともなく、十二名の搭乗員全員も、生きて祖国の地を踏み家族や恋人に会うことはなかった。

親父山詣で

「五ヶ所の奥山に米軍機墜落」の話は、たちまち伝言ゲームのように、近隣の村から村へと伝わったが、その内容は墜落の事実よりも、むしろ別の意味を含んでいた。

国内のあらゆる資源も人も、戦争遂行目的のために動員され、「欲しがりません。勝つまでは」を合言葉に、窮乏生活を強いられていた日本国民は、敗戦により、いよいよ国内の資源を食い潰し、ますます飢えに苦しむことになった。

このような時期に、山のような食べ物や物資を積んだアメリカの軍用機が、山中に横たわっているとの話に、近隣の村々の住民が例えは悪いが、飢えたハイエナが血の臭いを嗅ぎ付けた状態にならない方が不思議であった。

どこで聞きつけたのか、墜落事故からしばらくすると、五ヶ所には、どこからともなく見知らぬ人が集まり始め、それは同じ目的の仲間連れであったり、家族連れもいたりと様々であったが、共通していたのは、この地方で「カルイ」と呼ばれる竹製の背負い籠や買い出しに行くような空の大きなリュックを、子供も含めて全員が背負っていたことと行先がすべて親父山のB-29墜落現場であった。

そして、夕方になると、それぞれに背負った籠や袋に、それなりの「戦利品」を詰めて、後ろめたさを隠すかのように、いそいそと、それぞれの家路についたのである。多い時には、その人数は一日に百人近くにのぼることもあった。

警察署が立てた現場への立ち入り禁止や品物の持ち出し禁止の立看板は、飢えの前には何の効力も発せず、そのうち、登山口に警察署員が張り込み「戦利品」を検閲して没収された者もいたようである。それらは、警察署内で有効に活用されたらしいとも伝わるが、真偽の程は、わからない。すべての国民が飢えていたことだけは間違いない。

「戦利品」は、それぞれの家に持ち帰ると、早速「品定め」を始めたが、すべての物に書いてあるのは、つい先日まで「敵性語」と呼ばれていた英語であり、読めるものはほとんどいなかった。

中には、「毒見」のため飼い犬に食べさせた後に口にしたり、粉石ケンを鍋で煮て泡だらけにしたりと、笑い話はたくさん残っているが、「戦利品」を見て全員が思ったことは「富める国アメリカの国力」と「飢えた国日本のみじめさ」だけであった。

食べ物の回収が終わると今度は、金切り鋸や鏨《たがね》を持ち込み、金属性の機体やゴム製品

無残に削り取られゴム草履に加工されたB-29のタイヤ
（高千穂町歴史民俗資料館展示）

などをはじめ、すべての物が手を付けられ剥がされ持ち出された。無残な姿を晒《さら》していたB‐29の残骸は、蚕食《さんしょく》されるように、さらに無残な姿となっていった。

墜落現場に一番近く、第一発見者であり通報者でもある製材所には、もちろん、それなりの特権により多くの「戦利品」が持ち込まれたと思うが、それらを目にした千穂に、新たな戦略が思い浮かんだのではと勘繰りたくなるのは、勝手な思い込みであろうか。

第六章　Chiho Korogi

戦争は終わった。日本は敗れた。これからの日本は、どうなるのかは誰にもわからない中で、近いうちにアメリカ兵が進駐して、男は去勢され女は強姦されるらしいという流言飛語だけが広まった。何をされても仕方がないとの虚無感も漂っていた。

B-29墜落事故という未曽有の大事件を目の当たりにした千穂は、その現場の状況からアメリカの国力を、直に知らされた。これからは新しい日本は、アメリカが手本になるとの思いを強くした。時代の流れを確実に読んでいた。戦勝国アメリカに媚《こ》びることより、学ぶことが重要と考え腹を決めた。千穂には、それだけの肝っ玉がすわっていた。

Chiho Korogi

肝試しの機会は、すぐにやってきた。以下、事故報告書から千穂の動きを追ってみる。

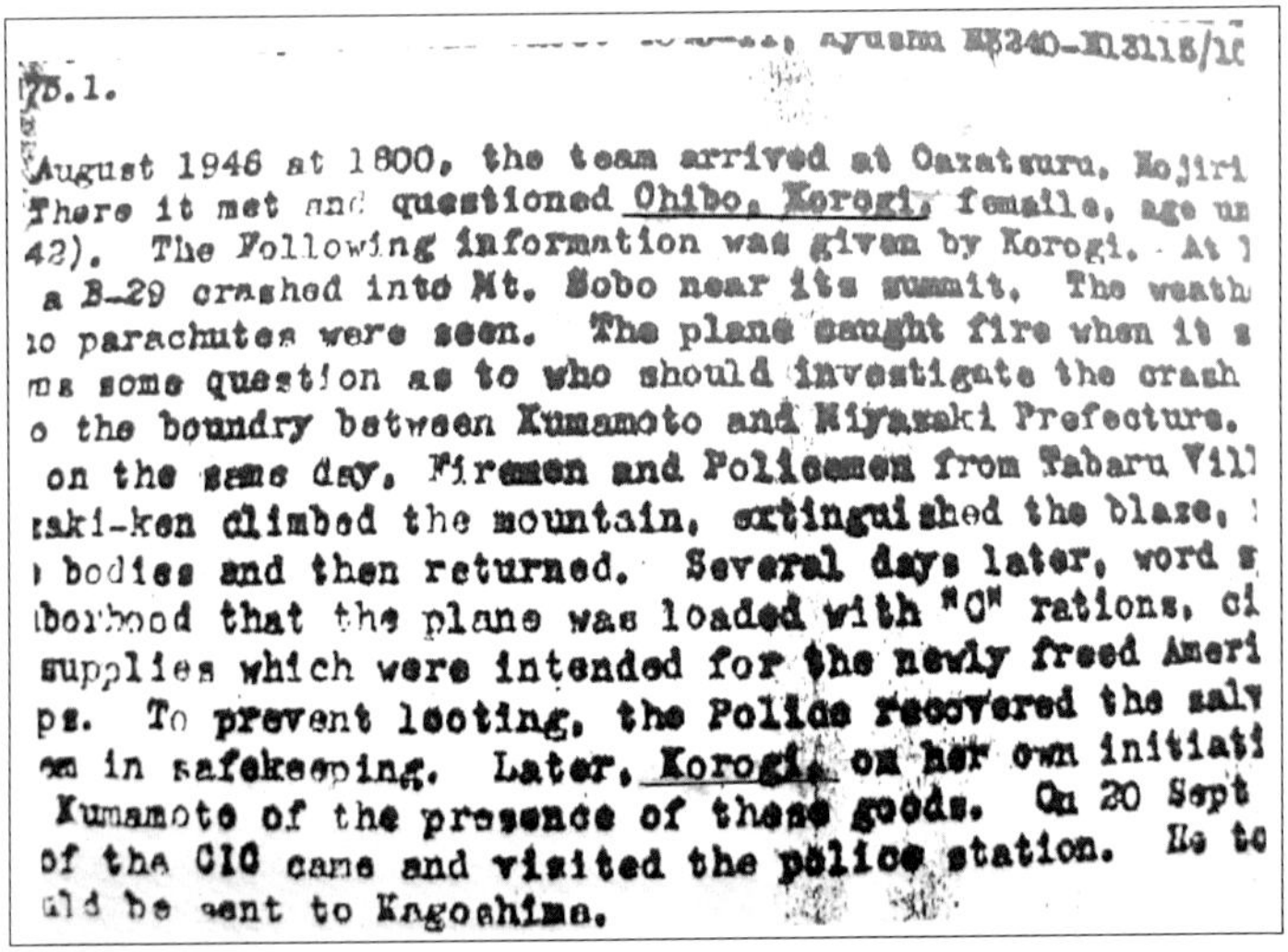

75.1.

August 1946 at 1800, the team arrived at Oaxatsuru, Kojiri
There it met and questioned Ohibo, Korogi, femaile, age un
42). The Following information was given by Korogi. At 1
a B-29 crashed into Mt. Sobo near its summit. The weath
no parachutes were seen. The plane caught fire when it s
was some question as to who should investigate the crash
o the boundry between Kumamoto and Miyazaki Prefecture.
on the same day, Firemen and Policemen from Tabaru Vill
zaki-ken climbed the mountain, extinguished the blaze,
bodies and then returned. Several days later, word s
borhood that the plane was loaded with "C" rations, cl
supplies which were intended for the newly freed Ameri
ps. To prevent looting, the Police recovered the salv
em in safekeeping. Later, Korogi, on her own initiati
Kumamoto of the presence of these goods. On 20 Sept
of the CIC came and visited the police station. He to
uld be sent to Kagoshima.

千穂の名が記録されている米空軍歴史研究センターから届いたB-29墜落事故報告書

八十年近く前に、タイプで打たれコピーが繰り返された報告書は、不鮮明な部分も多く、拡大鏡で、それらの文章をたどってみると、所々にChiho Korogiの名が出てくるので、順を追って検証を加えていくと、千穂の動きが見えてくる。

最初に千穂の名前が出てくるのは、B-29墜落から三週間後の九月二十日のことである。当時熊本にあったCIC（Counter Intelligence Corpsの略・アメリカ陸軍部隊のひとつで、一九四二年に発足した対敵情報部隊と呼ばれ、連合国軍占領下の日本各地に配置された）のジャック・ケネディ中尉が、高千穂に来た時である。

その目的は、警察署や関係者から墜落時の様子を聞き取りすることであると思われるが、終戦からあまり時間が経ってないので、その部隊の任務から、日本側からの違法な攻撃や生存者が本当にいなかったことの事実確認であったかとみられる。戦争中の墜落については当時の状況や搭乗員と遺体に対する対応を徹底的に調べあげている。

この時、当然、従業員が第一発見者であり、墜落現場にも行った千穂からも情報収集したものとみられる。

米軍報告書によると、千穂は墜落現場にあった物品の一部を、自分の判断で保管していることを伝え、中尉は、それらは鹿児島に送ることになるはずだと述べている。この時、五ヶ所まで足を延ばしたことは、十分窺えるが、そのことについては後述する。

これを機に、千穂は、その後進駐してきたアメリカ軍との関係を急速に深めたものとみられ、千穂の説明や対応と、その物怖じしない態度は、中尉に好感を持たれたようだ。

それに加えて、当時の道路事情では、熊本から五ヶ所に来るのに三時間近くを要したので、その後の調査チームは、津留にあった千穂が経営する万福旅館を常宿としていた。当時、津留には四件の旅館があったが、万福旅館だけがアメリカ軍の指定旅館的に利用されていた。

十一月二日には、第六海兵隊のバーバンド大尉らも津留に来ており、千穂は五丁のピストル、三個のパラシュート、補給物資の箱、札入れを手渡している。

進駐軍

終戦にともなう連合国軍の日本進駐は、すでに八月二十三日、第一陣が厚木飛行場に入り、ついで米太平洋艦隊司令長官ニミッツ元師の旗艦ミズーリ号以下連合艦隊三八〇隻が、同月三十日横須賀港に入港、九州でも九月三日鹿屋地方、ついで同月十日に佐世保に進駐した。

熊本への進駐は、十月五日昼、熊本駅着の特別列車で佐世保から進駐軍第一陣二八〇〇人（レイハイザー中佐指揮）が入り、十五日頃までに五千人が進駐した。本部が置かれたのは清水台の旧陸軍幼年学校跡地で、その駐留地は、沖縄戦で戦死した「ジョセフ・E・ウッド軍曹」にちなんで「キャンプ・ウッド」と名付けられた。

宮崎進駐も同じ十月五日で、佐世保から列車で米海兵隊マスマン海軍少佐率いる三千人近くが進駐し、平和条約が発効する昭和二十七年（一九五二）まで六年間日本を支配した。

ジープに乗った女

高千穂町上野に住む田辺清緑《きよみ》（八十九歳・元上野郵便局長）は、終戦時は十二歳で、この年の四月に、高千穂実業学校から改称された高千穂農学校の一年生に在学していた。

農学校とは名ばかりで、授業らしい授業はなく、学校に配属された退役軍人による軍事教練と祖母山の麓にある五ヶ所高原のシラミだらけの粗末な掘立て小屋の宿舎に泊まり込んで、ジャガイモを作る食糧増産が、学生生活のほぼすべてであった。

アメリカ兵とジープに乗った千穂に声をかけられた田辺清緑

農学校での軍事教練は、手榴弾の投擲《とうてき》訓練が主であった。体力もない十二歳の少年が、遠くの的に当たるように投げることは難しく、飛距離が短いと教官から「貴様は戦死ッ」と怒鳴られることが多かった。

そのたびに、清緑は、これは模擬訓練で命を落とすことはないものの、南方戦線に行ったままの父は、本当に手榴弾を握ったまま、敵の銃弾に倒れているのではと思うと、肩の痛さとともに、何とも重苦しい訓練でしかなかった。

戦死者の遺骨が次々と無言で村に戻り、食べる物も着る物も極端に不足している中で、昭和十六年九月に大牟田市の三井三池鉱業所勤務中に、都城二十三連隊に召集されて南方の戦線に行ったままの父・清の留守を母の春江（四十一歳）と守っていた。

上野村と田原村の境界近くの、千弁鶴《せんべんづる》という集落にある農家の貴重な男手として、農学校から帰ると母と農作業に汗を流す毎日であった。

八月十五日正午、高千穂農学校の校庭で、友人から日本が敗けたことを聞いた。太平洋戦争が始まって三年八カ月、日中戦争から数えれば、八年を越える長い戦争が、ようやく終わった。

清緑は、これで手榴弾投げや、五ヶ所高原でのジャガイモ作りから解放されて、南方に行ったまま四年が過ぎ、何の便りもない父の清も、いよいよ上野村に帰り、母の喜ぶ姿を想像しながら、その日も今までと同じように農作業に汗を流していた。

夏が過ぎ、朝夕は少し肌寒くなり初秋の気配が漂い始めた頃、家の近くにある人夫《にんぷ》坂と呼ばれる長い急坂を、見たこともない屋根のないカーキ色の自動車が、快調にエンジン音を響かせて登ってきた。

いつもなら、枯渇したガソリンの代替として木炭を使っている木炭自動車が、今にも止まりそうなエンジン音を発しながら、気息奄奄《きそくえんえん》の体で登ってくるのに、この自動車はいとも楽々と、この長い急坂を登ってきたのには驚いた。

さらに、目を見張るほどに驚いたのは、左側に乗って運転していたのが、青い目をした大柄のアメリカ兵で、何とその助手席に乗っていたのが、小柄な日本人の女性であったことだ。

清緑は、日本はアメリカの占領下に置かれ、天皇陛下より偉いらしいマッカーサーという男が、日本を支配したことは知っていた。そのマッカーサーの手先が、もう、この山の中までやって来たと思った。

アメリカ兵と女性が乗っていたのは、四つのタイヤが同時に回り、神社の石段も楽々と登ると聞いていたアメリカ軍のジープであった。このジープという車は、その軽快な足音と合理的な機構を持ち、進駐軍は大量のジープを本土に上陸させ、足代わりにして日本全国の町から村まで一気に走り回った。この姿に、国民はアメリカの国力を目の前で見せつけられたのである。空から国力を嫌というほど見せつけられたのはあのB-29であった。

小柄な女性は、運転しているアメリカ兵に、清緑の近くの道端で停車を指示して、突然声をかけてきた。清緑は驚きのあまり、後ずさりしながら、その女性の顔をよく見ると、何と父の清が懇意にしていた五ヶ所の製材所にいたはずの千穂で、清緑も顔見知りであった。

千穂は開口一番、「おい清緑、お前の親父は、ラバウルで元気にしとったぞ。もうすぐ帰ってくるき、心配するな」と清緑の肩に手をかけて伝えた。

清は、大牟田の炭鉱に行く前は、田原郵便局の嘱託で、五ヶ所地区を受け持ち、崩野峠を歩いて越えて郵便物を配達していた。当然、さらに山奥の製材所にも配達し、千穂とは面識があった。

千穂は、雨の日も雪の日も郵便物を届けてくれる十歳年下の清を弟のように可愛いがり、配達に行くと、いつもしばらくお茶を飲みながら山暮らしの様子を聞いたり、里の様子を話したりして、しばらく話し込んでいた。

突然目の前に現われたアメリカ兵と千穂の組み合わせも、まったく意味がわからない中で、いきなり、どこにいるとも知らなかった父の消息まで伝えられ、清緑の頭の中は混乱した。

それ以上に、側で聞いていた母は、とにかく夫の無事を聞くと、生き仏様でも拝むように千穂に深々と頭を下げた。

時期は、よく覚えていないが、清緑は、もう一度アメリカ兵に会っている。終戦直後、農学校の近くにある老舗の今国旅館に、何人かのアメリカ兵が泊っているとの話を聞き、恐ろしさと興味半分で、友人を誘って訪ねてみた。

すると、一人の背の高い兵隊が、清緑の鳩尾《みぞおち》に突然指を突き立て、何かを聞いてきたが、つい先日までの敵性語の英語が話せるはずがない。身振り手振りで、年を尋ねていると理解し、手の指で十二歳を示すと、相手も同じようにして、手の指で三十五歳と教えてくれた。

なお、その頃、町中では、アメリカの兵隊が、ジープに日本人の女性を乗せて、走り回っているとの噂が広まっており、同時に、その女はアメリカ軍のスパイだったとも付け加えられていたが、この時のアメリカ兵は、おそらくB-29関係の調査で来ていたものと思われ、その女性は千穂以外には考えられない。

春の大雪

昭和二十年も暮れ、新年を迎えても父の清からは何の便りもなく、千穂の伝言も少し信じられなくなったが、いつものように清緑は母と農作業を続けていた。

ようやく回りの山々が、少しずつ春めいた三月十二日。朝は雨だったが、十時頃から雪になり季節外れの大雪となった。その大雪の日に、父の清が突然、戦闘帽によれよれの軍服姿で、大きなリュックを背負い、軍靴の上に巻いたゲートルまで埋まりそうな雪道の中を、人夫坂を登って帰って来た。

四年ぶりの再会に母子は喜んだ。そして、千穂が伝えたことは本当だったのだと思うとともに、彼女がはるか遠くの海を渡ったラバウルにいたことに驚いた。

清緑は、今でもジープに乗っていた千穂の姿と、その肩幅が、背は低いもののアメリカ兵と同じように広かったのを、昨日のことのように覚えている。それは、千穂の度量の大きさそのものを現わしていたのかもしれない。

四年ぶりの我が家で、しばらく寛《くつろ》ぐと清は千穂に会った時のことを話し始めた。それによると千穂に、偶然会ったのはラバウルでのことであった。

ラバウル・証言一

島の大きな軍用道路を同僚の兵隊と車で走っていると、目の前に突然、一人の日本人女性が立っており、珍しいので目を凝らすと、どこかで確かに見覚えのある女性であった。日本から遠く離れた島だけに頭の中が混乱したが、何とその女性は、故郷の山奥の製材所でよく会っていた千穂であった。

まるで、狐にでもつままれたような気がしたが、紛れもない千穂そのものであった。その千穂が、突然、南方の戦地で目の前に現われたのには驚いた。まさか、日本から遠く離れた南の島で、お互いに再会するとは思ってもみなかった。

そこで聞いた千穂の話によると、オーストラリア方面まで行き、製材関係の事業を立ち上げ一儲けするつもりであったが、ここで軍に足止めされたとのことであった。

また、高千穂から、上野村出身の阿南亀《すすむ》と運転手として岩戸村出身の酒井某を連れてきたとも言っていたという。清緑は、この酒井某とは、戦後しばらくして親戚の結婚式で、偶然同席することになり、本人からも当時の話を聞き、間違いない事実であったことを確認した。

清が、さらに腰を抜かすほど驚いたのは、千穂が久しぶりの再会を喜び、一緒に夕食でもと日時と場所を指定したので訪ねたところ、その場所は、一介の伍長が足を踏み入れるのは場違いの、将校クラブのような立派な建物であった。

千穂は、錚錚《そうそう》たる将校クラスの軍人たちの中央の席にちょこんと座り迎えてくれたが、清は、いくら同郷の一兵卒といえども、あまりの驚きと緊張で食事も喉を通らず、腰も落ち着かないまま、早くこの席から逃げ出したいばかりであったと、その時の様子を思い出しながら語っていたという。

清は、八十九歳で亡くなったが、生前には酒が入ると、ラバウルで、偶然に千穂と出会った時の話をよくしていた。

清緑は今でも、アメリカ兵とジープに乗って来た千穂が、家の前で止まって父の無事を知らせてくれた日のことと、その父が、思わぬ春の雪の日に元気で帰って来た時のことを鮮明に覚えている。

それと同時に、あの戦争中に、海外まで足を延ばした千穂の胆力とスケールの大きさにも改めて感服している。

ラバウル証言・二

後述するが、千穂は昭和三十年（一九五五）から金鉱山開発に乗り出した。その頃は、まだ竹製品も需要があり、鉱山近くの竹林を買い付けて、竹材を伐り出している県外から来ていた原木某という業者は、小屋掛けして鉱石を掘り続けていた千穂の面影に、どことなく思い当たる節があった。

その業者は、若い頃に召集されて一兵卒としてラバウルにいた時に、高級将校と軍用車に乗っていた女性と、鉱山で時々見かける女性が、顔付きはもちろんのこと背恰好まででそっくりで、車が通るたびに最敬礼をしていたので顔をよく覚えていた。

彼はもしかしてと思い、近くの集落に住む戸高重喜（八十四歳）に聞きに行った。戸高が千穂は戦争中にラバウルにいたことを伝えると、彼は当時のことを思い出して、まさかの再会に大層驚いていた。

以上この二つの証言は、出所は異なるが、内容がほぼ共通なので、千穂がラバウルまで行き、考えられないような生活を送っていたことは、紛れもない事実であるといえよう。

アメリカ兵を馬に乗せた少年

五ヶ所に住む甲斐博太（九十一歳）には、終戦直後の忘れられない思い出がある。農家の生まれで、子供の頃から馬の扱いには慣れていた。終戦と同時に、三秀台の下にあった農兵隊も解散し、そこで飼われていた馬を無償で払い下げてもらった。白毛の実に利口な馬で扱い易かった。

時期は、はっきり覚えていないが、終戦間もない暑くもなく寒くもない時期であった。近くに住む矢津田村長からの指示で、河内の町まで大事なお客を迎えに行って欲しいとのことであった。

アメリカ兵を河内から五ヶ所まで馬に乗せた甲斐博太

通い慣れた峠道を愛馬と降り、河内の町に着くと、そこで待っていた大事な客は、初めて目にする大柄な一人のアメリカの兵隊であった。

身振り手振りで、恐る恐る馬に乗せ、再び峠道を登り始め、峠に差し掛かる頃、突然、腰の拳銃を抜き、樹上の小鳥に向けてパンパンと発砲し始めた。

聞いたことのない銃声に動揺する愛馬をなだめながら、ようやく崩野峠を越え村長に大事なお客を引き渡すことができ、極度の緊張感から開放されたという。おそらく、このアメリカ兵は、一人であったことから千穂とジープに乗っていたCICのジャック・ケネディ中尉ではなかっただろうか。この後、矢津田村長と千穂から、B-29墜落に関する情報収集をしたものと思われる。

また、甲斐は、B-29の墜落現場から拾い集めた機銃弾を分解して火薬を集め（一～二升も集めた）、竹筒に入れて花火を作り、祖母嶽神社前の橋の上で打ち上げていたという。このことと合わせて、終戦直後の忘れられない思い出となっている。

墓石登録班

米軍報告書によると昭和二十一年八月二十七日に、福岡の第一〇八墓石登録班のチームが夕方六時に津留に着き、翌日朝七時に宿を出発して、墜落現場の調査をしている。

もちろん宿舎は、万福旅館であるが、米軍報告書にはChiho Koro（giが脱字）、年齢はわからないがおよそ四十二歳（実際は四十九歳）で、彼女は未亡人であるが、その〝夫〟

と警察官のヤマモト・ゼンイチが、現場を案内している。

このチームの目的は、米軍報告書の内容から、埋葬された場所と十二名の搭乗員の識別確認に加え、地元から動員された警防団員を中心とした作業隊による遺体や遺品の回収も含めており、この中には、警防団員の甲斐秀国も含まれていた。

米軍報告書の中には「On each grave there were a number of crude wooden crosses.（それぞれの墓には、自然のままの木製の十字架が立てられていた）」と明記されている。

これらの一連の墜落後の調査のすべてに、千穂は関与し、また宿の提供から現場への道案内まで協力しており、これらのことは、結果的に千穂のその後の活動の布石となり、すでに熊本市内に進駐していたアメリカ軍の関係者にも好印象を与え、その後の考えられないような展開へと続く道筋が、着々と作られたのである。

第七章　コネクション

千穂が経営していた万福旅館があった場所

千穂の終戦直後の活動の原点には、B-29墜落事故は大きな意味を持つと思われるが、夕刊デイリーの記事では、このことについては一切触れていない。千穂は、その他については多くのことを語っているので不思議であるが、その理由はわからない。

しかし、米軍報告書に何カ所も千穂の名前が出てくることや津留で旅館を経営していたことからも、このB-29墜落事故を機に、進駐軍との強いコネクションを築いたことは間違いないであろう。

このコネクションを元にして、時の流れを読んでいた千穂は、次々に人々の意表を突くような大胆な行動に出た。その舞台は津留であった。

千穂の狩猟好きは前述したが、夕刊デイリーによると「狩猟が好きで、高千穂警察署に許可願いを出したが〝女はダメ〟とことわられ、〝女でダメ〟という法律はないじゃないか、と県警本部に押しかけ、やっと許可をとった宮崎第一号の女性ハンターでもある。所持した猟銃は十二梃。西臼杵でただ一梃の二連銃がお気に入り。ひと冬にイノシシ十七頭を仕止めた年もあった。」と書かれている。

狩猟免許については、宮崎県公文書センターで調べてみたが確認できなかった。

大正時代か昭和の初期に撮られたと思われる佐藤庭蔵と猟をしている写真（本書46ページ掲載）でも銃を肩にしているので、狩猟歴は相当長いようである。

千穂が活動に必要とした諸々の免許や許認可関係については、津留も選挙区となっていた熊本県鹿本郡菊鹿町（現山鹿市）出身で、米内《よない》光政内閣で鉄道大臣（昭和十五年）に就任し、昭和三十一年（一九五六）に参議員議長となった松野鶴平とのコネクションを活用していたとも伝わっているので、その方面からの手回しもあり得る話ではある。

臨時収入

　これまでに取材した古老のほとんどが、口を揃えたように千穂の思い出として、乗馬ズボンに革製の長靴を履き、腰に弾帯を巻き、背には二連銃を負っていたと話していたので、これが当時の千穂のユニフォームであったようだ。

　熊本入りした進駐軍と千穂の最初のコネクションのひとつに、狩猟が関係していたようで、進駐軍は時々、ジープを連ねて津留に来ては、周辺の広い原野でキジ撃ちを楽しんでいた。豊富な銃弾は使い放題で、手当たり次第に、半ば面白半分に発砲していたらしい。

終戦直後の思い出を語る合沢龍仁

　一方、戦争で何もなくなり、好きな狩猟もできなくなった五ヶ所の合沢龍仁《たつに》（九十一歳）の父龍義は、B-29の墜落現場から拾ってきた機銃弾の火薬を取り出し、微妙に調合割合を工夫しながら、有効に活用していた。

　龍仁は、終戦後二、三年経った頃に、B-

29の残骸担ぎ出しのアルバイトに従事した。墜落現場に一日二回も登り、この地方で唐人ガルイと呼ばれる木製の背負い子に乗せ、木馬道を小学校近くの芝居床と呼ばれていた広場まで担ぎ出した。山積みになった残骸がどう処理されたかは、わからない。一日の日当が三五〇円か四〇〇円であったと記憶しているが、当時としては割のいい臨時収入となった。参考までに、昭和二十三年の東京での大工の手間賃は一二〇円である。

一の鳥居の製材所には、その頃、四軒の家族のみになっていたが、彼らも、かなりこのアルバイトで稼いだ臨時収入があったらしい。

先手必勝

終戦直後の、最初の意表を突くような千穂の大胆な行動が、進駐軍への牛肉提供の件である。

前述したが、海軍の嘱託で一七〇頭もの牛を飼っていた千穂は、終戦と同時に、その新たな活用法を誰にも思いつかないような発想で考え、先手必勝とばかりに行動に移したのである。

この牧場も、近いうちに進駐軍に接収されると読んだ千穂は、アメリカ人は牛肉が大好きで豆腐のような大きな固まりをナイフとフォークを使って、よく食べることは知っており、それなら、いっそのこと接収される前に無償で提供しようと思い、早速行動に移した。もちろん、先々の事を十分考えた上での行動である。

このことについては、夕刊デイリーには次のように書かれている。

「終戦、そのころまだ百七十頭の成牛を抱えていたが――〝進駐軍に奪われる牛なら、こちらから食わせてやろう〟と先手を打ち、熊本の軍政官ハートマンに『うちの牛を食いにこんか』と便りを出した。

入れ代わり立ち代わり進駐軍が野尻を訪れて食った牛は、全部で七十五頭。（中略）軍政官ハートマンも何回も遊びにきたが、彼女の部屋に大書された――『いかに陛下の命とはいえ無念なり、残念なり。なにゆえ大君は、我ら国民ともどもに生死を誓わんや。神ませし大和心はみな鉄石心』――の額はおろさなかった。」

津留の村外れの空き地は突然、仮設の食肉処理場（と畜場）となり、次々に牧場から牛が引き連れられ、千穂は、ビニール製の前掛けの腰に牛刀を下げ、陣頭指揮をとった。

この情報を事前に聞いていた熊本の進駐軍一行は、ジープを連ねて津留に入り、三本の大きな木で組まれたピラミッド型の櫓《やぐら》に吊り下げられた牛を、次々に皮を剝ぎ、大きな肉の固まりの部位のみを切り取り、ジープに装備されたウィンチで荷台一杯に積み込み、大喜びで帰って行った。

この光景は、地元の住民にとっては、千穂の度肝を抜くような荒技と行動であり、今でもこのことは語りぐさとなっており、私も、このシーンを目撃した何人もの古老からの証言を得ている。

二階のマッカーサー

この頃の様子を、当時小学生だった津留の甲斐康利（八十七歳）は鮮明に覚えている。

津留の終戦直後の様子を語ってくれた甲斐康利。手に持っているのは千穂からもらった金（?）鉱石

進駐軍が持ち帰らなかった牛の頭を、父の時雄が二十円（昭和二十一年のビール一本は六円）で買い求め、頭や顔の骨の回りに付いている肉を削《そ》ぎ取り、しばらく煮込んでおいしく食べたこと。進駐軍のジープに乗せてもらい、村の中心地を走りながら、最初に覚えた英語

が「スピード」であったこと。

そして、父がB-29の墜落現場から持ち帰った大量の缶詰を、馬小屋の二階に大事そうに仕舞い込み、少し上客があると康利に「おーい。二階からあのマッカーサーを、ひとつ持ってこい」と命じ、さも自慢気に食べさせていたことなど、千穂と進駐軍のつながりで当時、津留の子供たちは、他の地域では考えられないような色々な恩恵を受けたことをなつかしそうに語ってくれた。

それと同時に、進駐軍がやって来ると聞いて、特に年頃の娘がいる家は、雨戸を締め切って家に引き籠っていたような時期に、正々堂々とアメリカ兵を相手に気丈に立ち回っていた千穂の度胸と勇気には、今でも感心しきりであった。

日本中の飢えた子供たちが、進駐軍の兵隊に「ギブ・ミー・チョコレート」とおねだりしていた時に、千穂は、まさに「ギブ・ユー・〝牛肉〟」で、進駐軍との絆を、ますます深めていたのである。

直訴

いかに男顔負けの度胸を持ち、剛胆な性格の千穂といえども、この行動だけには相当の覚悟を決めたことであろう。

敗戦により骨の髄まで、アメリカに完全に支配された日本。その支配者本人に会いに行き、直接お願いしたいことがあるというのである。

その支配者は、親父山にB-29が墜落したのと同じ日に厚木に到着し、日本の最高権力者となった「青い目の大君」ダグラス・マッカーサー占領軍総司令官である。

その目的は、世話になった軍人が、戦犯に指名され、その助命嘆願のために行ったらしいのである。

このことの真偽のほどは、取材や資料で明らかにすることはできなかったが、この話を向けた古老たちのほとんどが、千穂の度胸ならやりかねないと肯定したので、夕刊デイリーの記事をベースにして、私なりの検証を加えてみることにしたい。

「こんなこともあった。隣村の清武一さん（生存）が戦犯に問われ死刑が言い渡された。ほかに二人の死刑因の家族からも頼まれ、ハートマンの添書を持って〝三人の助命嘆願〟のため東京のマッカーサー司令部を訪れ、マッカーサー元師に直訴。

元師とは通訳を通して世間話までしたが、別れに際しては――『アメリカ兵が大変世話になって有難う。三人の戦犯については、中国関係の戦犯なのでなんともいえないが、できる限りの努力はする』と、出口まで見送り『サヨーナラ』と日本語で握手を交わしてくれた。

その後、三人の死刑戦犯は無罪となって、元師は千穂さんとの約束を果たした。当時千穂さんの年齢は五十一歳。」（夕刊D）

この中で、別れ際の「アメリカ兵が世話になって有難う」とのマッカーサーのお礼の言葉には、真実味がある。実際に千穂は、相当世話をしており、このことは事前に軍政官からの報告が、耳に入っていたからであろう。

次に、三人の戦犯は中国関係となっており、そのうちの一人で隣村の清武一さん（この地域には清という姓はなく瀬井が正しい）は、津留出身で熊本県農協中央会ＯＢの甲斐利雄著『野尻の自然と歴史』（二〇一二）の公職追放（昭和二十一年一月から二十三年三月までに占領軍によって行われた）の中で、職業軍人として瀬井武一（憲兵伍長）が出てくる。公職追放された人々も、昭和二十七年（一九五二）の講和条約の発効に伴い全員解除された。

さらに詳しく知りたいと思い、懇意にしている航空戦史研究家の深尾裕之氏に検索を依頼したところ、「瀬井武一伍長・広東裁判第六十六号法廷・軍夫殴打事件・重労働三年」

とあり、「中国関係」とのマッカーサーの話と合致する。他の二人については、わからない。

また、千穂五十一歳の時とあり、その年は昭和二十三年で、戦犯に関する東京裁判の弁護側の反証が行われており、時期的にも一致する。

以上のことから、この件は、ほぼ事実であろう。

なお、東京裁判でA級戦犯として死刑が宣告されたのは、板垣征四郎、木村兵太郎、東條英機、武藤章、松井石根、土肥原賢二、広田弘毅の七名であった。BC級戦犯については、各国・各地の五十カ所以上の法廷で約六千人が裁かれ一千人以上が死刑に処せられた。

千穂は、村人が「あんた、そげな（そんな）所に行ったらマッカーサーに打ち殺さるるバイ」と引き止めるのも聞かずに上京し、東京日比谷の皇居前にある第一生命館に置かれた連合国軍総司令部本部で、小柄の千穂は、一八三センチと大柄のマッカーサーに必死に嘆願したらしい。

東京から津留に戻ると、千穂は村人に「俺（千穂は男言葉をよく使っていた）は、おじもん（こわいもの）はおらんが、あん時だけは膝がガタガタ震えたバイ」と、豪快に笑い飛ばしながら、自分の武勇伝を自慢していたとも伝わる。

第三部　夢を追いつづけて

第八章　理想郷

祖母山麓総合開発計画

終戦直後の大混乱の時期も、持ち前の胆力と行動力で乗り切った千穂であったが、社会全体を見ると、国民は敗戦という精神的なショックとあらゆる物資不足に見舞われ、復興に向けての気力、体力ともに失なわれていた。

都市周辺では、郊外の農家にヤミ米を買いに行く者で列車はあふれ、米の供出不調に対し警察が介入し強権供出が指示された。ヤミ米を絶対口にしなかった東京地方裁判所の山口良忠判事（三十七歳）が、栄養失調で餓死するという事件も発生した。

農山村地帯の高千穂地方でも物資不足は深刻で、電球まで不足し、小麦粉に牛馬の飼料であるフスマを混ぜた団子で飢えをしのいだ家庭も多かった。

食料の不足は、民心の荒廃も招き、これまでの軍国主義一辺倒から、ＧＨＱが主唱する民主主義への転換も思うように進まなかった。

また、ＧＨＱの主導により、小作農制の改革をめざして「自作農創設特別措置法」が、終戦直後の十月に公布された。

このような食糧不足を打破し、農村の近代化を図るために、千穂は誰にも真似できないような大きな構想を描いていた。それは、小さな村のとてつもなく大きな構想で、新しい時代の日本の農村のモデルとなるようなものでもあった。

若い時から、農村の窮状を心から憂えていた千穂は、この機会に祖母山麓から阿蘇山麓にかけての広大な草原や原野を活かした壮大な開発計画を思いついた。それには、ある戦略があった。

その構想のスケールの大きさと、時代を見据えた先見性もさることながら、まだ、人力と畜力による農地の造成や農作業が主流の時代に、全国の農民の誰もが見たこともないような大型建設機械と資材を潤沢に利用するという今の時代においても、想像をはるかに越える構想であった。

この構想は、千穂にしか思いつかないものであったが、その背景にあったものは、千穂が、終戦直後から築き上げた進駐軍（軍政部）との強力な信頼関係に基づく物心両面におけるネットワークであった。

「祖母山麓総合開発計画」が請願書として祖母山麓開発期成協同組合代表興梠千穂により、その具体的な実施計画が樹立されたのは、昭和二十二年（一九四七）八月一日のことである。

敗戦後の社会的、経済的に大混乱を呈していたあの時期に、九州の一寒村の名もなき一女性が、今後の日本の進むべき方向を見定め、理想郷ともいえる近代的な農村をこの地域に作りあげようと敢然と立ち上がったことには、ただ驚くばかりである。

千穂の考え方のスケールの大きさと先見性と大胆不敵とも思える発想と行動力には、脱帽せざるを得ない。

以下に、その計画の概要を記す。


祖母山麓開発期成協同組合の趣旨と入植計画について

期成協同組合　理事長　興梠　千穂
入植団　代表　松本　修一

阿蘇郡野尻村及び田原村地方の実地調査を中心に

はしがき

われ〳〵入植を計画するものが、その新しい実践の一歩を踏み出そうとしてゐるが、どのやうにして実動するかは、結局、これからの地道な実践によって学びとる以外に途はありません。が、とにかく吾々が、今から手がけやうとする祖母山麓丘陵草原地域への入植を、実践的には、どういう風に仕事を進めて行こうとしてゐるか、前提となってゐる諸条件、とくに立地条件というやうなものは、具体的にはどういふ事情にあるか等について、現地踏査を基に、私見と構想を述べます。先づ、この地帯の地位と地形・形態から。

祖母山麓地帯の地位と地形・形態

阿蘇山の南表より九州山脈の最高峰祖母山の北部に至る高原山岳地帯の祖母山よりの地域が開発開墾の予定地である。

この地域に於ける中心点が野尻村の津留である。開発期成協同組合の本部が、こゝにある。

野尻村（東経一三〇度四二分、北緯三二度四八分に位置し、面積七〇方粁）

熊本県阿蘇郡の東南部、阿蘇火山の東麓と、九州山脈祖母山に渉る地域を占め、東北は、大分県直入郡に隣接し、東南は宮崎県西臼杵郡に界す。

地形は、西部に高く、東北へ緩く傾斜し（七度から九度）、その東麓に、大谷川北流し（これに既設ダムあり）、漸次東に折れ五里にして大分県柏原村に至る。又三里にして竹田の東に入り大野川となり竹田町に於て阿蔵《（原文ママ）》川に合流する。

東隅は九州山脈に属する山地の一部にて、東方に聳ゆる山脈の最高峰祖母山（一七五八米）の西麓をなし、西北麓に越敷嶽（一〇六九米）あり。

耕地に乏しく大部分は丘陵草原野にして、畜産に適し阿蘇馬の産地なり。

南部より東南部には高森町より、東北方竹田町に通ずる県道あり、高森町に至るバスの便あれど交通は一般に不便なり。

田原村は、宮崎県西臼杵郡の西北部の東斜面に位し、南は高千穂町に接す。東より南へ、西北方に湾曲せる馬蹄型をなす。

東北部は、東北境の祖母山より西南方に傾斜する山地あり。この谷間・丘陵に嶽笈ノ町五カ所等の部落点在す。中央及び南部も山岳重畳し、南境には五箇瀬川あり、上流は峡谷をなし東流す。農業を営むもの五〇〇、商業をなすもの一〇〇の割合にして、主産物は米・煙草・繭・牛馬あり、ほかに竹・椎茸の特産あり。東南高千穂町より、西北方高森町に通ずる県道あり、西南部を東西に走りてバスの便あり。面積五四〇七万粁。

この地方の事情

この一帯は山岳と高地のために、産業の見るべきものなく、又、平地が乏しいため聚落も発達せず、九州本島に於ても人口密度の低い（人口密度一方粁四六人）地域である。鉄道の全くないこの地域としては、唯一の交通路県道を通じて、西は阿蘇の高森町（八里）を経て熊本市に一八里、東（北寄り）は竹田盆地の中心竹田町（八里）を経て大分市（一八里）に通ずる。各部落民は素朴にして実直勤倹なるもの多く、その住居は山麓或は山谷など共通の自然的条件の下に生活を営み、極めて親密なる関係を地盤とせる聚落の自然村であって、広大なる山間に住するもの一六〇〇余戸あるのみ。

その文化的利器といえば、小学校・郵便局があるばかりで、交通不便のため文化の影響少なく、従って交通接触の頻度も低い。生計はいづれも農業が主で水田一五町歩、畑五〇〇町歩、造林若干。主として傾斜面を利用し、玉蜀黍・高粱《こうりゃん》・粟《あわ》・麦類・馬鈴著・根菜等をつくり、山林を伐採して薪炭・木材の用に供している。未開墾の丘陵地は殆んどススキにて、これを牧草と肥料用とし、その草生面積の約二〇パーセントを利用するに過ぎず。

気候

この地方は九州山脈の高地を占めてゐるため、気候は一般に低いのが特徴である。殊に冬季は北面の卓越風をうけて気温著るしく下り降雪も多い。又高原特有の乾燥清冷にして内陸性の気温の変化もみる。また濃厚なる幅射霧がしばしばかゝる。

雨量は九州本島内での多雨帯であって、夏季南東の季節風による降雨が最も盛んである。この季節に猛雷雨をみることがある。平均降雨量二九九〇-三〇〇〇粍。

以上が五日間の現地踏査の概要であるが、斯うした農山村に開発の大事業がなぜ提唱計画されたか、その動機計画構想等を本部の理事長興梠千穂女史、原田専務理事よりそれぞれに語られたものを要約すれば、

開発期成協同組合設立の趣旨

祖母山麓開発建設事業の動機は新日本更生の成否が一に懸って日本の民主化と食糧

問題にあることに出発する。

高千穂より祖母山に亘る地域は天祖降臨の聖地として、日本神話発祥の地である。吾々は、この地域に民主的協同社会の実施を期し、〝日本の民主化は祖母山麓より〟のモットーのもとに楽業安居の理想郷を建設せんとして、其の基本的要件である開発事業（ダム・水路建設、主要道路の開設、発電所の新設、土地の厚生、水源涵養林等）、また農業の有畜機械化、その技術及び科学の咀嚼吸収による生産の綜合計画、衣食住並に農村生活の改善、及び工業の導入計画、更に単なる経済的合理主義の見地から解決すべくもない失業対策の問題をこの特定農村に於て実現せんとする等われ〳〵が理想的農村建設のため開発事業計画の所以もこゝにあるのである。

斯した見地から野尻・田原両村民を主体とする協同体制をとゝのへ、入植団の自発的参加により協同組合を確立し、事業の種目を選定し、経営の方式を合理化するとともに、民主的公正を旨として、農畜工一如の飛躍的な新しい農工村を建説し、直接には祖母山麓地方農村協同社会を確立し、引いては一般食糧問題解決の一ツの典型を生み出そうといふ意気込である。然しながら、この建設の企画は恰も白紙に字を書く如き態度で臨むものでなく、可能性と見透しのつくものから速かに着手、実行し、打開しつゝ開墾食糧増産に努力せんとするのである。かくするには従来の因縁や情実的動向を打破して進まねばならない。そのためには、苦難に満ちた荊の路をも覚悟するものである。

斯の如き理想と計画の実現に、その一翼たるべく選ばれて入植することの出来る我々は洵《まこと》に幸福と光栄を感ずるものである。

この全面的な支援と受入体制に対して、我々は如何なる準備と構想のもとに入植をなすべきか、その計画と抱負を次に記述する。

入植団の事業拡充の段階

入植団はその入植事情とその条件を考慮し、第一期三年、第二期三年、第三期二年、計八カ年の長期計画を樹立する。

入植後三年間、この期間は開発事業の基本動力である労働力の供給源の責任ある立場にあるが、この期間が約三カ年とみて、その間に、我々は如何なる計画を実践すべきか。本部の諸計画の線に沿ふて、吾々の企画も立案し実施すべきであるが、主として入植者の生活圏の確立につとめる。

労務供給については、本部の所要に応じ、積極的に協力し、その事業完成までの労力の供給をなし、又食糧の補給に萬全を計る。

第一期　三年間

労務供給について

営農について、開発事業の円満なる進捗と入植団経営の合理化を計るため事務局を設置し、労務、農業、経理、庶務、厚生に関する業務を遂行する。

本人植団の最高原則は徹底した民主々義原則に従い、入植団に生活組合を組織し、労働組合及び農民組合は必要としない。

開拓入植実施要項を定め、一、入植者の選考条件　二、入植者の範囲　三、入植者の監視等一一項目を定めた。

第二期　三年間

一、農地の開墾　　二、食糧の確保、施設の整備　　三、畜産及畜産加工

第三期　二年間

第一期、二期に於て体得して、経験と資源及び設備について総合的に調整し総力を発揮推進し目的達成につとめる。

祖母山麓開発工事予算書

一、祖母山麓現地調査費支出額

　但　自昭和二三年二月二日
　　　至昭和二三年一二月八日 ｝間前後一三回

　　　　　　　　　　　　　　￥六九五、〇〇〇．〇〇

二、測量並設計費及諸雑員

　　　　　　　　　　　￥五、〇〇〇、〇〇〇．〇〇

三、総工費

　￥四八六、一三九、八七〇．〇〇

　内訳　ダム建設費

　￥八一、四八〇、〇〇〇．〇〇

　水路敷設費

￥一四一、九八〇、〇〇〇・〇〇

電気工事費

￥一四、九〇四、三七〇・〇〇

建築工事費

￥六九、九六九、〇〇〇・〇〇

輸送費

￥一三二、三八二、〇〇〇・〇〇

現場輸送費及雑費

￥四五、三六四、〇〇〇・〇〇

四、工事予定期間

参カ年
- 測量設計　六カ月
- 本工事　二年六カ月

五、軍政府ニ対シ払下ゲ又ハ貸下ゲ請願スベキ機械器具数

トラック（二―三t）　二〇台

ピック（四×四）　五台

ジープ	三台
レッカー	二台
ブルトーザ	六台
キャタピラー式トラクター（中型）	一〇台
ギャッシャブル	六台
トラクター用トレーラー（小型）	一〇台

六、軍政府ノ援助ヲ特ニ請願スベキ所要材料

セメント		一五五、四〇〇袋
洋釘		一一、三〇五kg
硝子		三五七箱
電線		三五九、八八〇M
鉄管（九〇〇m／m）		二、〇〇〇M
瓦斯管	三吋	二〇〇〇M
	二	二四、四〇〇M
	一	一九、〇〇〇M

（以上、荻・柏原土地改良区提供資料より）

祖母山麓開発期成協同組合の趣旨と入植計画及び祖母山麓開発工事予算書については、「野尻の自然と歴史」から原文のまま引用した。

原田専務理事

この大規模な開発事業の動機や計画は、その内容が極めて未来志向型で今の時代にも通用する語句が多く用いられ、とても千穂一人の構想によるとは思えないが、計画を立てるに当たって原田専務理事と語り合いながら立案したと書かれている。

計画書の内容からみて、この原田専務理事が斬新で将来を見据えたアイデアの数々を打ち出したブレインと思われる。昭和二十二年当時、野尻村の村長は、医師の原田甫《はじめ》で、祖母山麓開発期成協同組合の専務理事も兼ねていたとみられる。

『高森町史』が記す原田甫の経歴を次に掲載するが、これをみると博学多識の相当のインテリであったことが窺える。

『原田甫は明治十九（一八八六）年、野尻村津留に医師・原田竜起の長男として出生。県立竹田中学校卒業、四四年に熊本医学専門学校卒業、京都大学にて研究、大正八年に大阪市医となり、ついで大阪市東区に医師開業した。昭和二年、先代竜起死去により野尻村は無医村となったので村民の懇請に応えて昭和三年帰郷、原田家五代目の医師として家業を継いだ。野尻は山村である。往診は馬による。夜も急患があれば二里、三里の僻村にも出かける。しかも農村疲弊の頃、盆・暮二期の薬価の支払いもできぬ農家が多かった。名医の名があがればあがるほど労多くして収入は少なく、昼夜の別もない多忙ぶりであった。二〇年に郡医師会副会長に、二二年には推されて野尻村長となり、戦後混乱期の村政運営に苦心した。趣味は読書、歴史文学等博学多識、蔵書もまた多かった。昭和四〇年一月、八〇歳の高齢で他界した。』

夢物語

この壮大な計画を聞いた下流域にある大分県の荻・柏原土地改良区は、管下の水田を維持するために野尻村大谷川に、昭和九年（一九三四）に建設した大谷ダムの水不足が発生し、深刻な影響を受けることになるため、この計画に対する反対運動を強く押し進めた。

その結果、昭和二十三年（一九四八）三月、大分県知事から不許可となった。

持筆すべきことは、千穂はこの計画を実現させるための布石として、昭和二十二年一月二十六日の選挙で野尻村の十六人の農業委員の一人に選ばれていることである。

農地の有効利用や自作農の創設維持、末利用地の開発などについて協議する農民の利益代表機関にまで、ようやく民主主義が芽生え始めたばかりの時期に、一女性が委員として選ばれたのは全国的にも珍しいと思われ、千穂が農民たちから、いかに信頼と期待があったかを物語る話である。

合併前の野尻村のことも書かれた昭和五十四年発行の『高森町史』中の「行政・農地改革」の頃には、次のように書かれている。

「そもそも我が国の農業は、その土地制度耕作の慣習等、極めて封建性が強く、長い歴史の中で地主、自作、小作の階層分化が進み地主層の社会的地位の確立と相まって小作層への搾取と過重労働の押し付けが繰り返されて来たのであるが、太平洋戦争終結と同時に進駐して来た連合国総司令部は、日本の民主化を急速に進めるため軍国主義者の追放、宗教・思想の自由、財閥解体、婦人解放と併せて、農地改革を指令して来たのである。この歴史的大改革を意義付けるため昭和二十年十二月九日付けで命令され、連合国の至上命令として厳正強力に実施するように指令された農地改革につ

いての覚書「農民解放指令」によって世紀の大事業であった農地改革は、推進されたのである。（中略）

又同時期に集団開拓の買収地として旧野尻村神原地区に被買収者二一三人、筆数二二八筆面積三〇〇・六九haの集団開拓用地の買収を行ったが、その後食糧事情及び農政の変化により昭和三十二年一部五八haの売払いを行い残地についても昭和三十八年全筆開拓不用地として旧所有地への売払いを行い、祖母山麓に計画された三〇〇haを越える大規模のユートピア建設も夢物語りとして、実現出来なかった。」

この夢物語りに終わったユートピアとは、千穂が祖母山麓に描いていた楽業安居の理想郷のことである。

当時、日本を占領していたアメリカの進駐軍まで巻き込んで、勝算ありと見込んでいた千穂の落胆ぶりも想像できるが、この敗戦という未曽有の大混乱の時期に食糧不足を救い、民主主義に基づく近代的なモデル農村を築こうと、己の信念で同志を集め、敢然と立ち上がった女性がいたことは、後世に語り継ぐべきであろう。

老兵は死なず

千穂は、田中角栄の大ファンであったとともにマッカーサーも尊敬していた。千穂が終戦直後から深い関係を持った進駐軍のトップでもあり、直訴の話が事実であったかは別として、どこかで相通じるものがあったのであろう。

昭和二十五年（一九五〇）、朝鮮戦争が勃発し、日本に駐留していた米軍七万五千名は、この戦争に出兵することになった。

しかし、この戦争をめぐる対応で意見が対立したトルーマン大統領は、突然マッカーサーを解任し、その四日後の昭和二十六年（一九五一）四月十六日、マッカーサーは羽田から愛機バターン号でアメリカへ飛び立った。沿道は、マッカーサーとの別れを惜しむ二十数万人もの日本国民で埋まったという。

帰国後の十九日、上下院合同会議で行った劇的な演説の最後の一節「老兵は死なず、ただ消えゆくのみ」は、今なお彼の代名詞のように語り継がれており、この言葉は、多くの日本人の共感を呼び感銘を与えた。

この言葉を耳にしたかどうかは、わからないものの、マッカーサーを尊敬していた千穂は、老兵ならぬ老女の域に達していたが、消えゆくどころか、ますます意気軒昂であった。

千穂が一人で金鉱掘りに没頭していた昭和三十九年（一九六四）、東海道新幹線が開通し東京オリンピックが開催された年の四月五日、マッカーサーは逝った。享年八十四。

「マッカーサーが解任され、本国で亡くなった知らせに、ひと晩中、ヤケ酒を飲んで元師の冥福を祈ったという彼女でもある。」（夕刊D）

マッカーサーの棺は、今も愛妻ジーン夫人の棺と並んでノーフォークのマッカーサー記念図書館ホールに納められている。

B-29墜落事故を機に、進駐軍をはじめとしたアメリカ軍と特別な関係を築いた千穂にとって、彼らのトップに立っていたマッカーサーの死は、深い悲しみであったようである。このことからも、戦犯に係わる千穂の直訴の話も、ますます真実味を帯びてくる。

五ケ所開発計画

千穂の描いたユートピアが実現することはなかったが、地域の住民の中には、千穂の心意気は伝わっていたと思われる計画もあった。

高千穂町史年表によると、昭和三十年（一九五五）三月三十日「五ヶ所地内農用地を国の総合開発計画にもとづき七〇〇町四反歩国は強制買収による登記完了」とあるが、十二年後の昭和四十二年（一九六七）四月三十日には「五ヶ所国有農地（昭和三〇年三月強制買収）元地主へ売払事務完了」となっている。

また、このことについては、昭和三十四年四月二十八日付の第三十八代宮崎県知事二見甚郷《じんご》から第三十九代知事黒木博への県務引継書の中でも次のように引き継がれている。

五ヶ所開発計画について

1、所在　高千穂町（旧田原村）大字五ヶ所

2、経過　昭和二十三年、二十四年に買収した三〇〇ヘクタールの既着工の開拓地に昭和三十年買収の六〇〇ヘクタールを加え九〇〇ヘクタールに対して新たに開発計画を樹立し目下計画実施承認申請中である。

3、計画内容
開畑二〇七ヘクタール
開田三二ヘクタール

入植戸数四六戸
増反七五戸
地区内幹線道路四、八三八メートル
幹線水路六、八七五メートル
開墾入植工事費七千万円

この計画が実施されることはなかったが、それにしても昭和三十年代初頭の工事費見積りが七千万円であるのに対し、実現しなかったとはいえ、終戦直後の昭和二十二年の工事費見積りが四億八千万円とは、千穂の構想のスケールの大きさにはただ恐れ入るばかりである。

終戦から十年も過ぎると戦後復興から経済成長の時代に入り、池田内閣の所得倍増計画に続き田中内閣の日本列島改造論へと高度経済成長の時代は、さらに続き農山村を主体とした地方からの労働力は都市部に吸収されたまま、農山村の過疎化が進み、人口は減り続け商店街も学校も消えた。五ヶ所小学校は、平成二十二年（二〇一〇）一二一九

平成22年（2010）に廃校となった五ヶ所小学校

名の卒業生を送り出し一三四年の幕を閉じ廃校となった。

この対応策として全国的に推進された町村合併は、ますます地域格差を増大させ、もはや「限界集落」から「消滅集落」どころか「消滅自治体」への道を確実に進んでいるのは、紛れもない現実であろう。

この状況を、泉下の千穂は、どう思っているであろうか。

第九章　白馬金山

夢のお告げ

終戦から十年が過ぎた昭和三十年（一九五五）、日本の戦後復興も世界中の国々が驚くほどのペースで進み、国内の経済は年毎に上向きになり、いよいよ高度経済成長の時代に突入しようとしていた。

二月の衆議院総選挙で、革新派は三分の一以上の議席を獲得し政策の対立ではなく、保守対革新という体質の対立に基づく政治の時代になり、第二次鳩山一郎内閣が誕生し、三十七歳の田中角栄が自由民主党結党に参加した。二十三歳の石原慎太郎の『太陽の季節』が第三十四回芥川賞を受賞した。

千穂は、もうすぐ六十歳になろうとしていた、昭和三十年の日本人女性の平均寿命は六七・八歳で、一般的に見れば老境に差しかかっていた。

若い頃から常に夢を追い続け、男顔負けの胆力で、実現に向けて果敢に挑戦し、成功したこともあり挫折したこともあったが、すべては、自分の判断で切り抜け、悔やんだことはなかった。

もう、今さら新たな夢を追いかける年でもないと誰もが思っていたのに反し、千穂には、まだまだ追い続けたい夢があった。本人は心の底では、最後の夢と思っていたかもしれない。それは、今までの夢よりさらに大きく、まさに黄金色の光が輝くような夢でもあった。

新年早々のある朝、千穂は胸が躍《おど》るような夢で目が覚めた。それは、今までに見たこともない不思議な夢であった。

夢枕に、白馬に跨って絵で見る神武天皇の姿で、長く白いヒゲを蓄《たくわ》えて杖を持った老人が現われ、その杖で子供の頃によく遊んだ西の集落裏の山の方を指し、この山には大きな金脈があり、そこを掘れば必ず金が出ると告げて、すーっと姿を消したのである。

この夢に居ても立ってもおられなくなった千穂は、春になると西集落の生家の東側山中に採掘候補地を決めると、「福岡鉱山監督局に二百八十二ヘクタールの試掘権を設定し、金鉱を主として銀、鉛、錫、鉄、ウラン、トリウムなど八鉱種の地下資源開発に乗り出した。」（夕刊D）（試掘権設定について九州経済産業局資源・燃料課に、当時の関係書類の有無について問い合わせてみたが、確認できなかった。）

熊野鳴滝神社の神官を呼び、試掘開始予定地に祭壇を設けて御神酒に海の幸と山の幸を供え、山の神祭りを済ませた。

いよいよ試掘開始である。まだ金が出るともわからないが、金山の名は、夢のお告げから「白馬金山」とした。

試掘を始めた頃は、十人ほどの鉱夫を雇っていた。あちこちの鉱山や炭鉱を渡り歩いてきた彼らの中には、千穂が一の鳥居の製材所で一緒に仕事をした杣夫たちにも劣らない豪の者もいた。

千穂の生家の当主は、白馬金山の山林も所有している甥の興桕守で、大きな農家である。千穂は、この家の大広間を借りて新年会や山の神祭り、忘年会と、鉱夫たちを集めて飲めや歌えの大宴会を開いていた。

その時の様子を、守の長男で就学前であった晃（七十歳）は、何となく覚えてる。

千穂と盃を重ねている鉱夫たちの何人かは、子供でもわかるほどの鋭い目付きをして、中には小指の無い者もおり、子供心にも不思議に思っていた。それらの男たちも酒が入り過ぎて座が乱れると千穂の一喝で、また元の座に戻り、斗酒なお辞せずの千穂の前では形無しであった。

模範事業所

掘り始めて一年が過ぎ二年が過ぎても、それらしい鉱脈には行き当たらず、千穂の手持ち資金も心細くなっていったが、鉱夫たちへの賃金の未払いは一度もなく、白馬金山は就業時間も厳守した模範事業所であった。

千穂は、鉱山近くの湧き水が出る平らな場所に小さな小屋を立てて一人で暮らしていた。

鉱夫たちは、町の中にあった、千穂と親戚でもある堀川孝之助が経営する堀川米穀店が所有する長屋に住んでいた。この店には「白馬金山事務所」の看板も掲げられていた。

孝之助の長男容佑《ようすけ》（七十七歳）は、高校生の時、千穂に誘われてアルバイトで金山掘りに行き、不慮の事故に遭い指に大ケガをした。その時、千穂が我が子のように親身にな

白馬金山事務所の看板があった場所を示す堀川容祐

って心配してくれたのを、今でも傷跡を見るたびに思い出す。千穂は誰に対しても優しかった。

　鉱夫たちは、千穂の信念に圧倒されて金を掘り当てることはあり得ないと思いつつも働き続けたが、さすがに先の見えない金山掘りから一人離れ二人離れして六年目には、千穂一人だけになった。

　それでも千穂は、一人で山の小さな小屋に住み一日中掘り続けた。村人の誰もが、金は出ないと思っていたが、千穂が金山に賭けた一途《いちず》な夢に奇人、変人扱いする者は誰もいなかった。

　千穂は、金を掘り当てたら金の延べ棒を天皇陛下と皇后陛下に一本ずつと、昭和三十二年（一九五七）に、三十九歳で郵政大臣に就任し、昭和三十八年（一九六三）には、四十五歳で大蔵大臣にまで登り詰めた田中角栄にも一本プレゼントすると言って憚《はばか》らず、また掘り続けた。千穂は義理と人情と胆力で世の荒波を泳ぎ続ける田中角栄の大ファンでもあった。

買い出し

鉱山近くの電気も水道もない小さな小屋で一人暮らしの千穂は、週に一回ほど、カルイを負って河内の町まで買い出しにでかけた。買い物用の小ぶりの編目が細かいカルイは、特に「買い物ガルイ」と呼ばれ、それを背負った千穂の背は、老人特有に、それなりに曲がっていた。

千穂の好物は、食パン、黒砂糖、ソーセージ、コーンビーフと生卵で、飲み物はネスカフェのインスタントコーヒー、酒は山から下り、町に出たらすぐの所にある河内酒店で、昭和九年（一九三四）創業のアカツキ酒造の米焼酎「暁」を愛飲していた。

この「暁」の名の由来は、村の有志三人が共同で出資し酒造組合を作り、試行錯誤の末ようやく納得のゆく焼酎が完成し試飲会をしているうちに、あまりの旨さに名前を付

ほぼ創業当時(昭和９年〈1934〉)のままのアカツキ酒造の酒蔵

けるのを忘れたまま夜が明けそうになり、三人一致で「暁」と命名したといわれている。

千穂が町で買い物をしている時に、駄菓子屋の前で、お金が足りずに困った顔をしている子供たちを見ると、誰彼ともなく千穂が不足分を気前よく支払っていた。子供たちには特に優しい千穂であった。

まだ千穂が若かった頃には、乗馬ズボンに皮のジャンパー姿で背には二連銃を負い馬に乗って町中をゆっくり移動していると、子供たちは、遠目に恐れとも尊敬ともいえぬ眼差しで「千穂さんには金玉があり、立ったまま小便するゲナ」と囁《ささや》き合っていた。

千穂と猟仲間であった富高直

五ヶ所の富高直《ただし》（九十歳）は、二十四歳の時から銃猟をしており、その関係で千穂とも交流があったので、当時のいくつかの思い出がある。

福岡県八女市の山主が五ヶ所に有する杉山の管理を任されていた頃、同じ山仕事仲間と千穂の姪の仲人をしたが、結婚生活が長く続かず別れ話になり、仲人として千穂から責められ説教をされたこと。白馬金山から掘り出したというキラキラ光る鉱石に金が含まれていると自慢気に何度も見せられたこと、自分が死んだら祖母嶽神社の裏に埋めてくれと頼まれたことなどの思い出を語り、白馬金山近くの山でも一緒に猪猟をしたが、その頃には、千穂の銃の腕前はかなり落ちていたとも語ってくれた。

最終バス

五ヶ所から河内に嫁いだ安在カツ子（七十九歳）は、昭和三十二年頃の思い出として、

津留発の最終バスでよく千穂と一緒になった安在カツ子

七月十八日の祖母嶽神社の夏祭りの行事のひとつとして、当時流行っていた青年団バレーボール大会が五ヶ所小学校の校庭であり、乗馬ズボンに地下足袋姿の千穂が酔った勢いで飛び入り参加して会場を大いに湧かせたこと。

実家の葉タバコ栽培の手伝いの帰りに津留発三田井行きの最終バスで、大きなリュックを背負った千穂と、よく乗り合わせになったこと（万福旅館から時々、必要な物や食糧を持ち出していたようである）。ほとんど他に乗客のいないバスで、千穂が顔馴染みの運転手に「金山の裏山で、夜になると時々オオカミの遠吠えがする」と真顔で話していたこと。

――などを、なつかしく語ってくれた。

また、子供の頃、父の野尻春雄が、B-29の墜落現場から拾ってきた象の鼻のような部品（酸素マスクかと思われる）を持っていたことや、小学校の帰り道から見えた墜落現場は、ちょうど鯛の形にハゲ山になっていたことなども思い出していた。

津留郵便局前での千穂。昭和40年頃か（興梠晃氏提供）

ここまで白馬金山を掘り続けるには、それなりの多額の資金を要したと思われるが、これまでの蓄財で何とか持ちこたえたものの、さすがにそろそろ底をついてきた。

千穂に助けられた三人の戦犯からの資金援助もあったとも伝わるが、真偽のほどはわからないし、美談仕立てとして語られているに過ぎないとも思える。

津留の万福旅館は広い敷地の中にあり、当時は大分の大分交通、熊本の産交、宮崎の宮崎交通の三県のバス会社が中継地として相互乗り入れしてこの敷地と旅館を利用していた。昭和四十年代に入ると、地域の過疎化も急速に進み、旅館の利用者もほとんどいなくなり、さすがの千穂も、敷地の切り売りでしのぐようになった。

腰の曲がった背中に、小さな買い物カルイを背い、中には好物の食べ物と「暁」の一升ビンを入れ、日用雑貨品と食料品を扱っている大和屋の脇の坂から、一九三柱の英霊が祀られている軍人墓地の下を登り、途中の路傍にある小さな野仏に手を合わせ、西の集落を抜け白馬金山の小さな小屋に登って行く千穂の後ろ姿には、すっかり老いが感じられるようになっていた。

いつの間にか、千穂が一人で金掘りをするようになって十七年の歳月が過ぎ、昭和五十三年（一九七八）三月になった。千穂は八十二歳になっていた。

白馬金山を掘り始めた頃には三万人近くいた高千穂町の人口も、その頃には二万人を切り、河内の村々からも一戸また一戸と家の灯が消え、中心部の商店街も同じように店を閉め、歯抜け状態になっていった。

白馬金山という名前どころか、そこでまだ夢を追い続け金を探し求めて掘り続けている、一人の老婆がいることも知らない村人がほとんどになっても、千穂はまだ掘り続けていた。

買い出しに降りた町で出会う知り合いには「金が出ても出らんでも、これがわしの仕事で道楽たい」と、かつての強気を見せていた千穂も、さすがに寄る年波には勝てず、会う人もいなくなった白馬金山へと続く山道を登る後ろ姿は、ますます小さくなっていた。

魔法使い

白馬金山のあった方角を指差し、晩年の千穂の思い出を語る戸高重喜

この山道沿いに広がる牛に食べさせる萱《かや》の採取場（刈干山と呼ばれる）に秋の日が落ちる頃、買い出し帰りの千穂がゆっくりと山道を登って行く姿は、子供の頃に見た外国の絵本に登場する魔法使いのお婆さんのようであったと、近くに住

余興に興ずる晩年の千穂。芸達者でもあった（興梠晃氏提供）

む戸高重喜は刈干を切りながら見ていた光景を今でも思い出す。

戸高には、若い頃のもう一つの思い出がある。昭和二十年代後半と記憶しているが、熊野鳴滝神社の屋根の葺き替え作業があり、神事として奉納された神楽三番を見ていた時、いつもの狩猟スタイルで見学に来ていた千穂が、いきなり大杉の間から空に向かって空砲三発をお祝いに撃ったのに驚いたことである。

戸高は、その後、地区の神楽の奉仕者《ほしゃどん》として保存会会長も長く勤め、後継者育成に尽力した。

白馬金山を一人で掘り続ける晩年の千穂（興梠晃氏提供）

第十章　精霊さまトンボ

落盤事故

麓の西集落から夜明を告げる鶏の鳴き声が聞こえ、白々と夜が明け始めた。千穂は、いつものように七輪に火をおこし、真っ黒に煤けた薬缶《やかん》を乗せた。湯が沸くと、たった一つの小さな水屋から、粗末な小屋には似合わない洒落れたコーヒーカップを取り出し、コーヒーを入れて美味しそうにすすりながら、食パンを七輪の上の金網で焼き、ソーセージと一緒に軽い朝食を食べた。

子供の頃からの農作業と若い時の山仕事で鍛えた千穂の大きな手の指も、金山掘りですっかり節くれだち曲がっていた。その手で愛用の乗馬ズボンを穿き、折れ曲がった腰で地下足袋の鉤《はぜ》を留め、腰に手拭いを下げヘルメットにヘッドランプを着けると、ゆっくりと坑口へ向かった。

千穂は若い頃から、ずっと自然を相手の仕事をしてきたため、八百万《やおよろず》の神々に対する尊崇の念は人一倍強く、坑口の上にある山の神を祀る祠に向かい祝詞をあげると柏手を打ち、今日の作業の無事と金脈の発見を願った。

手掘りの狭い坑道をゆっくり進むと、時々天井から水滴が落ち、聞き慣れたコウモリの小さな鳴き声も聞こえた。

ようやく切り羽に着くと、ヘッドランプの灯りで、昨日のうちに空けていた小さな穴にダイナマイトを、慣れた手付きで仕掛け、坑口の方へと下がった所から、わくわくしながらスイッチを押した。

鈍い爆発音と軽い地響きとともに岩盤が崩れ落ち、その奥から、今まで見たこともないような何かがキラキラと光る後光のような物が見えたと思ったと同時に、千穂の右太腿に激痛が走り抜けた。

安全と思っていた場所であったが、爆発の衝撃で坑道の壁から小児の頭大の石が、千穂の足を直撃したのである。


しばらく意識を失ないそうになりながらも、遂に念願の金鉱脈に行き当たったような気がしたが、足の痛みは強まる一方で、暗闇の中をヘッドランプの灯りだけを頼りに、両手と肘を使い、左足を踏ん張って必死に坑口へと這い出た。

坑口を出ると、血だらけの手で、命捨いしただけでもありがたいと、這ったままで山の神に手を合わせた。さらにズリ山を這い、ようやく小屋にたどり着くと、山から引いた水を貯めた水瓶から柄杓で何杯も水を飲み、ようやく正気に戻った。

激痛をこらえながら乗馬ズボンを脱ぐと、太腿は赤黒く内出血し腫れあがっていたが、そのまま床に横になった。周りは、もう日が暮れようとしていた。横になったまま這い回り水屋に手を伸ばし、中にあった食パンや黒砂糖を食べながら一人で三日間を過ごした。

いつものように買い物カルイを背負って山を下りて来る千穂の姿を見かけないのを気に留めた下の集落に住む顔馴染みのフキばあさんは、ゼンマイ採りも兼ねて様子を見に登って来た。小屋をのぞくと、床の上で顔をしかめて横たわる千穂を見て驚いた。

すぐに西の集落に下り守に知らせると、守は近所の人に声をかけ、戸板（雨戸）を担いで急いで山道を登ってきた。守が慌てて千穂を抱き起こすと、マッカーサーに会った時だけガタガタ震えたという膝から上の右太腿は大きく紫色を帯び腫れあがっていた。

皆で戸板に千穂を乗せ、揺れないようにゆっくりと山を下り、守の自宅に着くと、車のシートを倒し静かに千穂をそこに横たえ、ゆっくりと坂道を下り村でただ一つの田原診療所に運び込み、たった一人の早間医師の診断を受けたが、複雑骨折の疑いが強いとのことで、すぐに紹介状を書いてもらい、そのまま三田井にある町立病院の整形外科へ運び込んだ。

熊本大学から派遣されている若い整形外科医は、すぐにレントゲン検査により右太腿部複雑骨折と診断したが、高齢のため手術も出来ず、そのまま入院して安静を続けながら、自然に骨を癒合《ゆごう》させせることになった。

精霊《ショロ》さまトンボ

いかに若い時から鍛えた千穂の頑強な身体も、高齢で寝たきり状態となり、次第に衰弱し、かつてはアメリカ兵にも負けないくらい広かった肩幅は見る影もなく痩せ細り、千穂は病室の窓から見えるような見えないような眼差しで遠くを眺めていた。

東の方には、遠い遠い昔に先祖が住み着いたという神呂木の里が見え、西の方には、千穂の由来でもあるこの地に稲作を広めた天孫族が降り立ったと伝わる二上山（一〇六〇メートル）が見える病室で、一人静かに過ごす日々が続いた。

時々、見舞いに来るのは、生家の守夫妻とその親族くらいで、村人でさえも千穂が事故に遭ったことも入院していることも知らないままに、その年の盆が過ぎた。

高千穂地方で精霊さまトンボと呼ばれるウスバキトンボが病室の窓の周りを飛び交い始め、千穂が若い頃、愛犬を連れ二連銃を背に担ぎ、歩き回った五ヶ所や津留の高原地帯に女郎花《おみなえし》が咲き、祖母山には麓より一足も二足も早い秋の風が吹き始めた八月の盆過ぎ、誰にも看取られることなく、静かに眠るように息を引き取った。

白馬金山跡に残っていた千穂が愛用していたヘルメット

ひたすらの一生

激動の時代に、時の流れをいち早く読み取り、女ひとり、自らの判断で後ろを振り返ることもなく挑戦し、ひたすら夢を追い続け行動した千穂。男顔負けの胆力で生き抜いた波乱万丈の人生。名も財も求めぬ名利とは無縁の一生。まさに適《あっぱれ》としか言いようのない見事な生き様であった。

あのあふれんばかりのエネルギーは、一体どこに宿っていたのかと思えるほどに、すっかり小さくなった千穂の身体は、いつの間にか再び、高千穂の山里に生まれた、まだ、あどけなさを残したままの、今でも夢を見続けているような優しい顔をした少女のような興梠千穂そのままであった。

享年八十二。合掌

【主な参考文献等】

『高千穂町史』高千穂町史編纂室 一九七三年
『高千穂町史・年表』高千穂町 一九七二年
『高森町史』高森町史編纂委員会 一九七九年
『野尻の自然と歴史』甲斐利雄編著 二〇一一年 熊本出版文化会館
『五ヶ所小学校創立百周年記念誌』一九七五年
『祖母嶽』百渓禄郎太 一九二五年 秀英社
『高千穂村々探訪』甲斐畦常 一九九二年
『高知尾の名字Ⅰ』安在一夫 鉱脈社 二〇二三年
「女傑一代 金掘りばあさん」夕刊デイリー 一九七八年九月四日
「金掘り 夢を追った女性」夕刊デイリー 一九九三年一月一日
『世界の傑作機 特集ボーイングB-29 スーパーフォートレス』一九九四年 文林堂
『Sky Walker B-29 Superfortress 別冊 航空情報』一九九五年 酣燈社
『捕虜収容所補給作戦 B-29部隊最後の作戦』奥住喜住、工藤洋三、福林徹 二〇〇四年
『ラスト・フライト 奥高千穂 隼・B-29墜落秘語』工藤寛 二〇一五年 鉱脈社
『B-29墜落甲浦村一九四五年六月二九日』日笠俊男 二〇〇〇年 吉備出版

『B-29の昭和史』若林宣 二〇二三年 ちくま新書
『GHQの見たニッポン』太平洋戦争研究会編 二〇〇七年 世界文化社
『激動二〇年・宮崎・熊本版』柳本見一 毎日新聞西部本社 一九六五年
『写真で読む昭和史・太平洋戦争』水島吉隆 二〇一〇年 日経プレミアシリーズ
『マッカーサー』増田弘 二〇〇九年 中公新書
『読める年表・日本史』一九九八年 自由国民社
『値段(明治・大正・昭和)の風俗史』一九八一年 朝日新聞社

あとがき

今から三十六年前の昭和六十二年。初秋の親父山で拾った一片の金属片が、興梠千穂との出会いであった。

米軍のＢ－29墜落事故報告書に、何度もその名前が登場し、当時取材した古老の誰もが、千穂の名を出すと目を丸くし、身を乗り出すようにして語ってくれたことの数々には、俄に信じられないようなことが多かった。

それでも彼らの語り口には、誇張されたり、故意に作られたり、単なる風聞とは思えないリアリティーがあり、Ｂ－29墜落事故の余話としての興味は尽きなかった。

しかし、それは三十年以上も前の話で、取材した古老たちもすべての方が鬼籍に入り、四十五年前に他界した千穂のことを今さら聞こうとしても、少しでも知っている者は数えるほどとなった。

私は、歴史はどんな小さなことでも誰かが書き残さねば、後世には正しく伝わらないとの思いで、これまで故郷の山々に眠っていたドラマを掘り起こし、筆力不足は承知の上で書き残す作業を続けてきたし、今後も続けたいと思っている。

千穂は一市井の、立志伝中の人とは異なる女性ではあるが、その生き様と生きた時代については、その後も取材を続ければ続けるほど、誰かが今のうちに書き残さねばとの思いは強くなる一方であった。その役割は、あの一片の金属片に出会った私にあると自分に言い聞かせながら、今回、この本を書いた。

千穂と出会ったのは、B-29墜落事故がきっかけである。このことについては、拙著『ラスト・フライト』にも詳述しているが、もう少しその後のことについて触れておきたい。

本文中に登場する若い警防団員として墜落現場に何度も足を運び、遺体の埋葬や回収作業に従事した甲斐秀国とは、取材を通じて何度も会い、同郷の縁もあり懇意にしていた。

平成七年（一九九五）に戦後五十年目を迎えるに当たり、彼は私の取材を通して当時のことを改めて思い出し、何とか供養してあげたいとの思いが募り、私も相談

五ヶ所三秀台に平成７年（1995）に建立した
平和祈念碑の前であいさつする甲斐秀国

を受け全面的に協力することになった。

その後、彼を中心として賛同者を集め、実行委員会を立ち上げ、慰霊碑を建てようとの話へと展開し、地元を中心に多くの方々からの浄財を募り、計画通りに平成七年八月に五ヶ所高原の三秀台に平和祈念碑を建立することができた。

さらに、この機会に何とかアメリカの遺族を捜して招待しようということにもなり、八方手を尽くして搭乗員ジョン・D・デンジャーフィールド伍長のフローレンス未亡人とその友人ジャック。ボブ・L・ミラー伍長の弟ラリー夫妻の四人が来日することになっ

戦後50年目の平成７年（1995）に初来日した
遺族を案内した興梠美香（阿蘇火口にて）

た。

実行委員会としては、大いに盛り上がったものの、会員の中に誰一人として英会話ができる者がおらず、掛け声とは裏腹に不安が募ったが、運良く救いの神が登場したのである。

東京のホテルに通訳として勤務していた千穂の姪ウキエの長女で甥の守の長男晃と従妹になる興梠美香が成田で出迎え、再び成田で見送る一週間の行程のすべての案内を快く引き受けてくれたのである。

美香は、全員が初来日の一行を観光案内まで含めて面倒をみてくれ、成田での別れに際しては、子供のいないフ

令和５年（2023）８月26日に開催された第27回平和祈念祭

ローレンス未亡人がアメリカに連れて帰りたいと涙ながらに手を握って別れたとのことであった。

偶然にも、千穂の縁者とB-29搭乗員の遺族が親密な時間を過ごすことになったのも、何かの引き合わせと泉下の千穂も喜んだに違いない。

その後、平和祈念祭は、コロナ感染症拡大による一回の中止を除き毎年開催し、令和五年（二〇二三）八月に第二十七回目を実施した。

また、現在でも墜落現場での残骸回収作業は続け、令和五年三月には、熊本、岩国、沖縄に駐留しているアメリカの軍人三人と一緒に八十キロ近いターボエンジンの一部を麓まで担ぎ降ろしたところである。

話を元に戻すが、これまで取材をしてきた中で、千穂には失礼ながら少し意外に思ったことがある。

それは、誰一人として千穂のことを、例えば山師的なところがあるとか計算高いとか悪く言う者はおらず、むしろ男勝りで気風が良く、面倒見も良く、誰に対しても優しかったと、全員が口を合わせたように評したことである。

女実業家の面も多分にあるので、世の常として一人や二人は、大なり小なり何らかの被害に会った者もいるのではと思っていたことを恥じた次第である。

白馬金山跡を案内する興梠晃

千穂の生き方を要約すると、

一、常に夢を追い続け、その実現に向けて果敢に挑戦し、失敗を恐れなかったこと。

二、機を見るに敏で、好機と捕えると自ら後ろを振り向くことなく行動に移したこと。

三、人を信じ人から信じられ、常に万人の幸福を願って動いていたこと。

――ではないだろうか。

高千穂という風土から千穂のような、あまりにも大陸的な性格とスケールの大きな女性が生まれたことは不思議であるが、その発想・胆力・行動力においては、やはり希代の女傑であったことは間違いないであろう。

それにしても、B-29墜落と同様に千穂の名は、地元に残るどの書き物にも登場せず、私が目にした唯一の記録と言えるものは、本文中に多くを引用した夕刊デイリーの記事のみである。

千穂のことを、ただの語りぐさとして終わらせるには余りにも惜しく、何とか書き残し後世にその足跡を伝えようと思いつつ、当時の時代背景も多く取り入れながら、郷土史としての意味合いも含めて書き進めてみた。

激動の時代を男顔負けのたくましさで生き抜き、生涯「夢」を追い続けた千穂の生き様に思いを馳せていただければ、筆者として、これ以上の喜びはない。

最後に、一つだけお詫びしなければならないことがある。千穂の名は戸籍上は、実は「チホ」であるが、高千穂の山里に生まれた女性であることや取材したほとんどの方が「千穂」と思っているようで「千穂」を使わせていただいた。

取材に快く対応していただいた興梠晃、河内隆昭、田辺清緑、戸高重喜、堀川容佑、甲斐英明、富高直、甲斐博太、合沢龍仁、安在カツ子、甲斐康利、佐藤秀洋の各氏をはじめ多くの方々に心からお礼申し上げたい。

また、鉱脈社の川口敦己社長には、私の故郷の山々に眠っていたドラマを掘り起こした三冊目の出版に際し、これまでと同様に、たくさんの御助言をいただき、度重なる修正、追加原稿にも懇切に対応していただいた同社のスタッフの皆様にも心から御礼申し上げたい。

そして、取材に出かけるたびに、おいしい弁当を作ってくれた妻万里子にも感謝したい。

令和五年十月二十日　古希の誕生日に

［著者略歴］

工藤　寛（くどう ひろし）

1953年　宮崎県西臼杵郡岩戸村（現高千穂町）に生まれる
1977年　麻布獣医科大学（現麻布大学）卒業。獣医師
1977～2013年　宮崎県職員として主に家畜衛生業務に従事

著　書　『平和の鐘』（私家版 1996年）
『高千穂牛物語』（私家版 2010年）
『LAST《ラスト》 FLIGHT《フライト》 奥高千穂 隼 B-29墜落秘話』
（2015年 鉱脈社 第26回宮日出版文化賞）
『名利無縁 高千穂町岩戸 故郷を拓いた気骨の系譜』（2019年 鉱脈社）

現住所　〒880-0024 宮崎市祇園３丁目208-1

夢に生きた高千穂の女傑

二〇二三年十一月十日　初版発行
二〇二四年一月二十二日　二刷発行

著　者　工　藤　　寛 ©

発行者　川　口　敦　己

発行所　鉱　脈　社

〒八八〇－八五五一
宮崎市田代町二六三番地
電話　〇九八五－二五－一七五八
郵便振替　〇二〇七〇－七－二三六七

印刷
製本　有限会社　鉱　脈　社

著者既刊本

LAST《ラスト》 FLIGHT《フライト》 奥高千穂 隼 B-29墜落秘話

70年前のあの戦争の終結前夜、日本の戦闘機と米国の爆撃機が九州中央山地・祖母山系の山中に相次いで墜落した。何があったのか――埋もれた歴史を掘り起こし、死者を慰霊し、日米の絆をつむぐ、山の男の歴史行脚。戦後70年記念、感動の記録。第26回宮日出版文化賞受賞。

Ａ５版・並製カバー　３８８頁　本体２７７８円＋税

名利無縁 高千穂町岩戸 故郷《ふるさと》を拓いた気骨の系譜

世界農業遺産棚田の里・高千穂町岩戸。その美観をもたらしているのが、山腹を切り拓く何本もの用水路。幕末から明治・大正にかけてのその開削を指導した岩戸の「庄屋」と「医師」、三代の歴史を軸に高千穂の地に生きた気骨と信の人間群像で描く郷土史。

四六版・並製カバー　２７８頁　本体２４００円＋税